SEAN MCMANUS

YO TAMBIÉN PUEDO PROGRAMAR

SOBRE EL AUTOR

Sean McManus es un voluntario del Code Club que enseña programación y diseño web en un instituto de Londres. Es el autor de *Scratch Programming in Easy Steps*, *Web Design in Easy Steps* y el coautor de *Raspberry Pi for Dummies*. Visita su web **www.sean.co.uk** para encontrar recursos de Scratch y más materiales.

© Editorial Planeta, S.A., 2016
Avda. Diagonal, 662-664, 08034 Barcelona
www.planetadelibrosinfantilyjuvenil.com
www.planetadelibros.com

© de la edición original: Marshall Editions, Part of The Quarto Group, The Old Brewery, 6 Blundell Street, London N7 9BH, 2015
Título original: *How to code in 10 easy lessons*

Primera edición: septiembre de 2016
ISBN: 978-84-08-15738-0

Depósito legal: B. 8.266-2016
Impreso en China – *Printed in China*

En el libro se muestran pantallazos de ejemplos de proyectos de programación con Scratch llevados a cabo por el autor. Scratch es un programa desarrollado por The Lifelong Kindergarten Group en el MIT Media Lab. Consulta scratch.mit.edu para más información.

¡Hola, mundo!

ÍNDICE

INTRODUCCIÓN 4

PASO 1: COMPRENDER LA PROGRAMACIÓN 6

PASO 2: DOMINANDO LAS HERRAMIENTAS 10

PASO 3: CONSIGUIENDO LOS MATERIALES 16

PASO 4: NO TE REPITAS 22

PASO 5: TOMAR DECISIONES 26

PASO 6: USAR LAS VARIABLES 32

PASO 7: PLANIFICANDO TU JUEGO 38

PASO 8: CONSTRUYENDO TU PLATAFORMA DE JUEGOS . . 44

PASO 9: CONSTRUYENDO TU PÁGINA WEB 50

PASO 10: DISEÑANDO TU PÁGINA WEB 56

ENLACES DE UTILIDAD 62

GLOSARIO 63

ÍNDICE ONOMÁSTICO 64

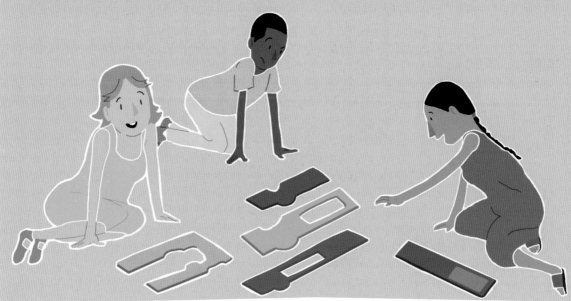

BIENVENIDOS AL MUNDO DE LA PROGRAMACIÓN

Estamos rodeados de ordenadores, teléfonos y tabletas que nos proporcionan un flujo constante de información y entretenimiento. Con los programas (o *apps*) adecuados, podemos hacer casi todo lo que queramos. Pero la pregunta es: ¿qué harías si no lograses encontrar el programa adecuado? La respuesta: hacerlo tú mismo.

Programar es dar instrucciones a un dispositivo digital usando un lenguaje que comprenda para que haga exactamente lo que quieras. En este libro aprenderás cómo programar tus propios videojuegos y a diseñar una página web con la que publicitarlos.

¿ESTÁS LISTO?

¡Claro que lo estás! No hace falta ninguna habilidad ni conocimiento especial para empezar. Todo el mundo puede aprender a programar, y los programas que necesitas para los proyectos de este libro no cuestan nada. Te hará falta un ordenador conectado a internet con sistema Windows, Mac OS o Linux, pero si no tienes uno, acude a tu escuela o biblioteca. Si tienes un Raspberry Pi, algunos de los programas de Scratch no funcionarán, pero puedes crear tu web usando Leafpad.

CÓMO ESTÁ ORGANIZADO EL LIBRO

Este libro te presentará diez habilidades clave para programar. Usaremos el lenguaje de programación Scratch para hacer un juego, pero muchas de las técnicas que aprenderás aquí también son útiles para otros lenguajes de programación que puedes aprender más adelante. Es mejor leer los capítulos en el orden correcto porque cada uno presenta nuevas ideas que puedes usar en los programas, ampliando la información de los anteriores. Si te saltas un capítulo, puede que te pierdas algo importante.

¡EXPERIMENTA!

Según avances por el libro, verás ejemplos de programación que puedes probar. Anímate a experimentar con el código y mira si puedes mejorarlo. Según vayan creciendo tus habilidades como programador, quizá quieras volver a ejemplos anteriores y usar tus nuevos conocimientos para mejorar los programas básicos que ya has creado.

LOS EJEMPLOS DE ESTE LIBRO SE HAN HECHO USANDO SCRATCH 2.0 Y USAN MUCHAS DE SUS NUEVAS CARACTERÍSTICAS. SI ESTÁS USANDO UNA VERSIÓN ANTERIOR DE SCRATCH, PUEDE QUE ALGUNOS PROYECTOS NO FUNCIONEN.

NO TODO VA SOBRE JUEGOS

En este libro, la mayoría de los ejemplos son de juegos, pero las habilidades que adquieras se pueden usar para hacer todo tipo de programas. Los juegos ofrecen ejemplos estupendos porque son fáciles de probar y ver qué es lo que hacen. ¡Es muy divertido crearlos y jugar con ellos! Pero si quieres escribir un programa con el que hacer música, dibujos o que te ayude con los deberes, también podrás hacerlo. En cuanto aprendas a programar, puedes lograr que el ordenador haga lo que quieras.

CUIDADO CON LOS *BUGS*

De vez en cuando, es probable que tus programas no funcionen como esperabas. Quizás haya una instrucción donde no debería estar o un número erróneo en una caja. Este es un problema al que se enfrentan todos los días los programadores, incluso los profesionales. Por tanto, no te asustes: comprueba el programa con detenimiento y pronto encontrarás el error. ¡Arreglar estos fallos (o *bugs*) es una superhabilidad extra que irás adquiriendo según leas el libro!

¡UN BUEN CONSEJO!

Usa una libreta para apuntar todas tus ideas para el juego. Haz bocetos para los personajes, los puzles y los diseños de niveles en cuanto se te ocurran. ¡Descubrirás que te será de gran ayuda cuando lo vayas a crear!

COMPRENDER LA PROGRAMACIÓN

Para comprender la programación, primero necesitamos saber qué es programar. Programar significa crear instrucciones e información para los ordenadores empleando un lenguaje que puedan entender, lo que normalmente llamamos «código». Rara vez vemos el código, pero siempre está ahí, entre bastidores, haciendo que todo sea posible.

Por ejemplo, cuando dibujamos, el código le dice al ordenador lo que haces al mover el ratón, lo que hacen los diferentes botones de la pantalla, cómo dibujar un cuadrado, etc. Cuando jugamos a un videojuego, el código le dice a la máquina cuáles son las reglas del juego, cómo se mueven tu personaje y los enemigos, y qué es lo que deben hacer cuando ganas o pierdes. Las instrucciones pueden ser increíblemente detalladas.

El código está presente también en muchos electrodomésticos para decirles a los pequeños procesadores de su interior lo que deben hacer. El código de la lavadora controla los tiempos. El televisor puede contener código para mostrar una guía interactiva de la programación. Los teléfonos móviles y las tabletas no son más que ordenadores con una forma distinta, así que también dependen del código. ¿Cuántos dispositivos más crees que emplean código para funcionar?

LENGUAJES INFORMÁTICOS

Hay montones de lenguajes informáticos. Al usarlos para escribir instrucciones, normalmente se les llama «lenguajes de programación». Un programa es una compilación de instrucciones que le dicen al ordenador que haga algo.

A veces, los lenguajes informáticos se usan para organizar la información en vez de para escribir dichas instrucciones. Por ejemplo, el HTML se usa para decir a los ordenadores cuáles son las distintas partes de una página web. Este código no le indica al ordenador que haga nada, así que en realidad no se puede considerar un lenguaje de programación. Pero sigue siendo un lenguaje informático, y desde luego sigue siendo código.

¡LA MEJOR FORMA DE APRENDER A PROGRAMAR ES **PROGRAMAR**!

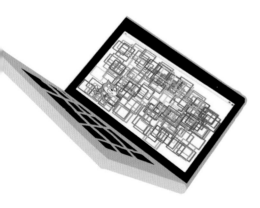

¿QUÉ LENGUAJE USARÁS?

Hay muchos lenguajes de programación. El que elijas depende, primero, de qué lenguajes comprende tu ordenador o dispositivo, y segundo, de qué lenguaje es mejor para el programa que quieres escribir. Los lenguajes de programación son parecidos a los idiomas humanos (como el inglés, el español o el japonés) porque tienen formas distintas de decir más o menos lo mismo. Pero son distintos en cuanto a que los lenguajes de programación suelen ser particularmente buenos en ciertos tipos de tareas.

Algunos de los más populares son:

SCRATCH

Estupendo para hacer juegos y programas que usan muchos dibujos. Utilizarlo es muy fácil.

PYTHON

Este lenguaje es fácil de aprender y además es potente. Se usa para coordinar los programas de efectos especiales en Industrial Light & Magic, como los de las películas de *Harry Potter* o *Piratas del Caribe*.

C++

Este lenguaje se suele usar para crear programas que tienen que trabajar extremadamente rápido, como los videojuegos en 3D.

JAVA

Este lenguaje se usa para crear juegos y otras apps de Android y a menudo se emplea en dispositivos como los sistemas de aire acondicionado.

JAVASCRIPT

Se usa para producir características interactivas en las webs, como los menús que se despliegan, textos que cambian o incluso juegos online. A pesar de que sus nombres se parecen, es muy diferente al Java.

¡HOLA, MUNDO!

Para hacerse una idea rápida de cómo funciona un lenguaje informático, los programadores suelen escribir un programa sencillo para mostrar «¡Hola mundo!» en pantalla. Este es el aspecto que tiene en los lenguajes que acabamos de describir:

SCRATCH

C++

```
#include <iostream>
int main()
{
    std::cout << "¡Hola mundo!";
}
```

PYTHON

```
print("¡Hola mundo!")
```

JAVA

```
public class HelloWorld {
    public static void main(String[] args) {
        System.out.println("¡Hola mundo!");
    }
}
```

Seguramente veas algunas diferencias y parecidos entre los lenguajes de arriba. Python y JavaScript no parecen muy distintos. Sin embargo, Java y C++ usan instrucciones muy diferentes y necesitan mucho código adicional para indicar que algo aparezca en pantalla.

Al mirar el código, verás lo fácil que es cometer un error. Si te equivocas de tipo de corchete, colocas una orden en otro sitio o te olvidas de un punto y coma, es probable que el programa no funcione. Los ordenadores requieren que todo esté exactamente en su sitio y no se llevan bien con los errores humanos.

JAVASCRIPT

```
alert("¡Hola mundo!");
```

¡EN CUANTO APRENDAS A CREAR UN PROGRAMA CON SCRATCH (VER CAPÍTULO 2), PUEDES VOLVER AQUÍ E INTENTAR HACER EL EJEMPLO DE LA PÁGINA 9 PARA COMPROBAR SI LO HAS HECHO BIEN!

¡UN BUEN CONSEJO!

Para utilizar un determinado lenguaje de programación, a veces es necesario instalar otros programas, pero suelen ser gratuitos. Asegúrate de tener permiso del propietario del ordenador antes de instalar nuevos programas.

CONOCE LOS NUEVOS LENGUAJES

En este libro vamos a utilizar tres lenguajes informáticos: Scratch, HTML y CSS. No hace falta instalar ningún programa, pero necesitas un PC, un Mac o un ordenador con Linux conectado a internet.

Usando Scratch aprenderás algunas de las ideas más importantes de la programación. Muchos de estos conceptos también importan en los demás lenguajes de programación. Gran parte de ellos tienen una forma específica de colocar las cosas en la pantalla, por ejemplo

repitiendo código y almacenando información, así que las superhabilidades que aprendas aquí serán valiosas cuando pruebes otros lenguajes más adelante.

Scratch es una opción estupenda como primer lenguaje de programación. En vez de escribir las órdenes, estas se presentan como bloques y solo tienes que juntarlas para crear el programa (o *script*, en la jerga de Scratch). Eso significa que habrá menos posibilidades de que cometas fallos al escribir el código. También puedes conseguir resultados rápidos con muy buena pinta.

Aquí tienes un ejemplo de programa con Scratch: un vistazo a la apariencia del código. El ordenador va leyendo las instrucciones desde arriba. En Scratch, las órdenes se parecen mucho al lenguaje humano y emplean palabras fáciles de reconocer. ¿Qué crees que hace este programa?

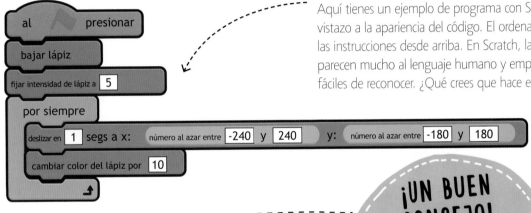

CREAR UNA PÁGINA WEB

Otra habilidad imprescindible es saber crear una página web para que puedas mostrar tus fantásticos juegos hechos en Scratch. En los últimos dos capítulos aprenderás otros dos lenguajes informáticos: HTML y CSS. Se usan juntos para hacer páginas web. Deberás tener especial cuidado para colocar los corchetes en el lugar correcto y asegurarte de que la web funcione como pretendías.

¡UN BUEN CONSEJO!

Una forma de probar los programas es imaginar que eres el ordenador y seguir las instrucciones en tu cabeza. Predecir qué es lo que hará un programa es una habilidad muy valiosa a desarrollar porque te ayudará a corregir los errores más rápido.

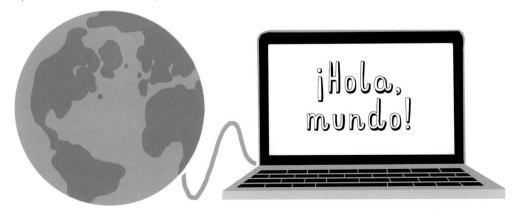

DOMINANDO LAS HERRAMIENTAS

Antes de poder programar un juego, tienes que aprender cómo usar las herramientas que te ayudarán a crear los programas. En este capítulo tendrás tu primer contacto con Scratch, harás tu primer programa y probarás el editor de imágenes y la biblioteca de sonidos.

TODO LISTO

Inicia el navegador de tu ordenador y accede a la web de Scratch (scratch.mit.edu). Haz clic en «Únete a Scratch» en la parte superior de la pantalla. Necesitas crear un usuario y una contraseña. El usuario debe ser diferente a tu nombre real (para proteger tu privacidad) y la contraseña debe ser algo complicado por si alguien intenta adivinarla. También tendrás que introducir tu fecha de nacimiento, sexo, país y correo electrónico. El equipo de Scratch usa parte de esta información para saber quién está usando el programa, y otra parte para ayudarte a recuperar la contraseña si la olvidas.

Haz clic en «Crear» arriba a la izquierda. ¡Ya estás listo para empezar a programar!

Si has iniciado sesión, Scratch guardará tu trabajo de forma automática. Para encontrar tus programas más adelante, haz clic en tu nombre de usuario arriba a la derecha y luego en «Mis cosas».

Únete a Scratch

Es fácil (y gratis) registrar una cuenta Scratch.

Elige un nombre de usuario

Elija una contraseña

Confirmar contraseña

Perfil
Mis cosas
Configuración
Desconectar

¡ATENCIÓN!
PIDE SIEMPRE PERMISO A UN ADULTO ANTES DE PROPORCIONAR INFORMACIÓN PERSONAL EN INTERNET.

¡UN BUEN CONSEJO!
Puedes probar Scratch sin registrarte: solo tienes que hacer clic en «Crear» en la parte superior de la pantalla. Pero antes de pasar mucho tiempo haciendo algo, es buena idea registrarse para poder guardar tu trabajo.

¡ACCIÓN!

Crear un juego es como dirigir una película o una obra de teatro, y algunas de las palabras que se usan son las mismas. El **escenario** es donde tiene lugar la acción. Pronto sabrás cómo mover a los personajes.

Los *sprites* son como los actores y el atrezo de una obra. Los coches, caballos y alienígenas serán todos *sprites*. Incluso las cosas que normalmente no se mueven, como las vallas o los árboles, pueden serlo. Encontrarás todos los que necesitas en la **biblioteca** que hay debajo del escenario.

En una obra, el guion (o *script*, en inglés) son las líneas que leen los actores. En un programa de Scratch, los *scripts* son las órdenes que das a los *sprites*. Puedes hacer que digan cosas, pero también que produzcan un sonido, se muevan, hagan un dibujo o cambien su apariencia. Los *scripts* se escriben en la **zona de *scripts***.

El **fondo** es el dibujo que aparece detrás de los *sprites*. Por ejemplo, para hacer como si estuvieran en el espacio, usa un fondo que tenga estrellas.

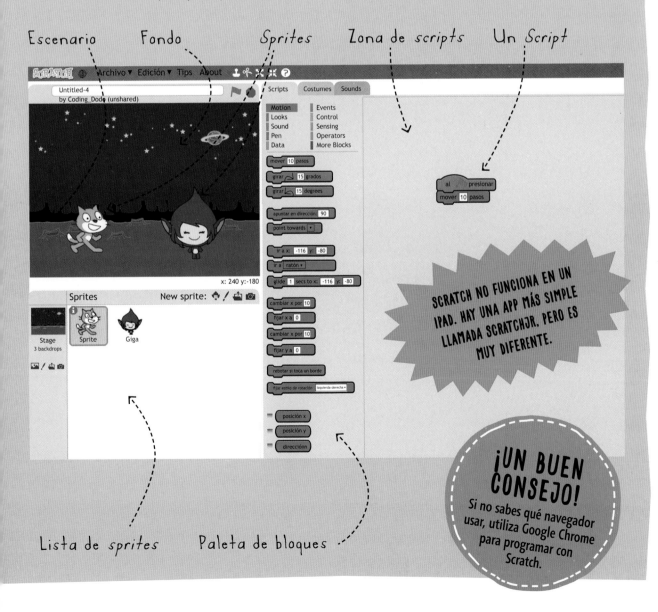

Escenario   Fondo   Sprites   Zona de *scripts*   Un *Script*

Lista de *sprites*   Paleta de bloques

SCRATCH NO FUNCIONA EN UN IPAD. HAY UNA APP MÁS SIMPLE LLAMADA SCRATCHJR, PERO ES MUY DIFERENTE.

¡UN BUEN CONSEJO!
Si no sabes qué navegador usar, utiliza Google Chrome para programar con Scratch.

HACER EL *SCRIPT* DE LA MARATÓN DEL GATO

Bien, ahora ya sabes dónde están las cosas en la pantalla y tienes una cuenta de Scratch, así que estás listo para escribir tu primer *script*: «La maratón del gato». Todos los proyectos nuevos tienen el gato por defecto, así que está presente en muchos de ellos.

Las órdenes que vas a usar en Scratch se llaman «bloques» y se juntan como piezas de un rompecabezas. Puedes encontrarlos en la paleta de bloques, que está entre el escenario y la zona de *scripts*. Haz clic en el bloque Mover 10 pasos y verás moverse al gato.

mover 10 pasos

¡UN BUEN CONSEJO!

La parte de «10 pasos» le dice al gato cuánto se tiene que mover, no cuántas veces, así que solo se moverá una vez. Haz clic en el 10, aumenta o disminuye la cifra, y luego vuelve a colocar el bloque. ¿Qué es lo que ocurre?

ARRASTRAR UN BLOQUE

Haz clic en el bloque, mantén el botón del ratón y muévelo hacia la zona de *scripts*. Suelta el botón y el bloque se quedará allí. Ahora puedes hacer clic en el bloque para que el gato se mueva también.

¡UN BUEN CONSEJO!

Este movimiento del ratón se llama «arrastrar» y se usa mucho para mover los bloques y los *scripts* en Scratch.

CREAR TU PROPIO PROGRAMA

Los bloques están organizados en 10 categorías de colores diferentes. El bloque de (Mover 10 pasos) es un bloque de movimiento porque mueve un *sprite*. Haz clic en el botón de «Eventos» que hay encima de la paleta de bloques y verás toda una nueva gama de bloques marrones. Estos bloques permiten que los *scripts* reaccionen cuando algo ocurra.

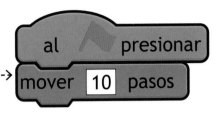

Arrastra el bloque de (Al presionar la bandera verde) desde la paleta de bloques y suéltalo sobre el bloque de (Mover 10 pasos) en la zona de *scripts*. Entonces deberían juntarse.

¡Enhorabuena, ya has hecho tu primer *script*! Ahora el gato se moverá cuando hagas clic en la bandera verde que hay sobre el escenario. ¡Pruébalo!

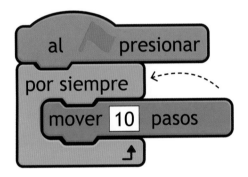

HACER QUE EL GATO CORRA

Hagamos que el gato siga corriendo sin tener que hacer clic a cada paso que dé. Presiona el botón de «Control» en la paleta de bloques y busca el bloque Por siempre. Arrástralo a la zona de *scripts* y suéltalo cerca del bloque de (Mover 10 pasos). Todo lo que haya dentro del bloque de (Por siempre) se repetirá hasta que detengas el programa usando el botón rojo que hay sobre el escenario o con una orden del programa. ¡Haz clic en el botón de la bandera verde para ver cómo el gato corre una maratón!

CUANDO EL GATO SE SALGA DE LA PANTALLA, PUEDES ARRASTRARLO AL ESCENARIO PARA DEVOLVERLO A SU SITIO.

HORA DE EXPERIMENTAR

¿Por qué no añades más bloques de movimiento y apariencia para ver qué es lo que hacen? Puedes volver a arrastrar el botón de (Por siempre) o incluir más cosas dentro. ¡Prueba!

PULIENDO LOS GRÁFICOS

Vamos a cambiar el fondo. A la izquierda de la biblioteca de *sprites* hay un pequeño icono para los fondos. Justo debajo hay cuatro iconos para añadir un nuevo fondo. Haz clic en el primero, con el dibujo de un paisaje, para abrir la biblioteca. Puedes seleccionar uno entre las diferentes categorías y temas, y usar la barra de la derecha para ver más. Elige una de las imágenes que incluya suelo y luego arrastra el gato al escenario para colocarlo encima. Haz clic sobre el gato en la lista de *sprites* y luego sobre la tabla de *scripts* para volver a la programación.

VOLVEMOS A LA CARGA

Añade el bloque
`rebotar si toca un borde` a tu programa y el gato se girará cuando alcance el borde de la pantalla para volver por donde ha venido.

¡UN BUEN CONSEJO!

¡Los colores sirven de pista! Para encontrar los bloques marrones, haz clic en el botón de Eventos que hay sobre la paleta de bloques porque es donde están los bloques marrones.

CÓMO ARREGLAR TU PRIMER *BUG*

¡Oh, no! Cuando el gato se gira y mira hacia la izquierda, está cabeza abajo. Esto es un *bug*, un error en tu programa. Scratch sigue tus instrucciones con precisión, pero a veces tenemos que ser más concretos para evitar que sucedan cosas extrañas como esta. Arreglar los errores es un proceso que se llama *debugging* y es una gran parte del trabajo diario de los programadores profesionales.

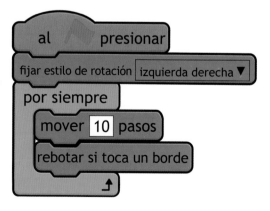

Para arreglar este bug, tenemos que usar un bloque que cambie la forma en que el gato se gira. Es un bloque de movimiento llamado.
`fijar estilo de rotación izquierda derecha` Solo tenemos que hacerlo una vez, así que podemos ponerlo fuera de nuestro bloque de
`por siempre` .

AÑADIR SONIDOS

Añade este *script* a tu *sprite*. No se une al *script* de movimiento, pero también va en la zona de *scripts*. Ahora, cuando presiones la barra espaciadora, el gato maullará. ¡Pruébalo!

```
al presionar la tecla espacio▼
tocar sonido meow▼
```

Para añadir nuevos sonidos a tu *sprite*, haz clic en la pestaña de «Sonidos» en la paleta de bloques. Haz clic en el altavoz pequeño (¡cuidado, que hay dos!) donde estaba la paleta de bloques. Se abrirá la biblioteca donde puedes buscar un sonido y añadirlo a tu *sprite*. Para reproducir el sonido en tu programa, usa el bloque `tocar sonido meow` y despliega el menú el bloque donde dice «meow» para elegir un sonido distinto.

HERRAMIENTAS PARA PINTAR

 Pincel

 Línea

 Rectángulo

Elipse

 Texto

 Rellenar con color

Borrar

 Seleccionar

 Seleccionar y duplicar

UTILIZAR EL EDITOR DE IMÁGENES

Otra idea que Scratch ha importado del teatro son los «disfraces». Ahora verás un dibujo del *sprite*. Haz clic en la pestaña de «Disfraces» que hay sobre la paleta de bloques y verás los dos disfraces del gato. Hay dos tipos de dibujos: «vectores» y «mapas de bits». Los mapas de bits son más fáciles de editar. Haz clic en «Convertir a mapa de bits» en la esquina inferior derecha.

A la izquierda hay herramientas para pintar. Elige una y un color en la parte de abajo, y usa el ratón para dibujar sobre el *sprite* del gato. Para usar las herramientas de línea, rectángulo y elipse, arrastra el ratón para crear formas. La herramienta «Seleccionar» te permite elegir parte del dibujo para moverla o copiarla y también funciona usando la técnica de arrastrar. En cuanto a las herramientas de pincel y borrar, mantén pulsado el botón y mueve el ratón para dibujar o borrar.

¡LA PRÁCTICA HACE LA PERFECCIÓN!

Ahora ya sabes escribir *scripts*, cambiar fondos, añadir sonidos y editar el disfraz de un *sprite*. Invierte un poco de tiempo refinando tus habilidades con estas nuevas herramientas.

CONSIGUIENDO LOS MATERIALES

Que un jugador gane o pierda un juego puede depender de la posición exacta de su *sprite*, de los enemigos y los obstáculos. Una de las superhabilidades que necesitarás es comprender cómo está organizada la pantalla y cómo puedes colocar tus *sprites* justo donde quieres que estén.

ENTENDER LA PARRILLA DE COORDENADAS

Scratch usa coordenadas para controlar dónde se colocan los *sprites* en el escenario. La coordenada X se usa para la posición horizontal (de izquierda a derecha) mientras que la coordenada Y se usa para la vertical (de arriba a abajo). Si ya has dibujado gráficos o usado mapas antes, estarás familiarizado con esta idea.

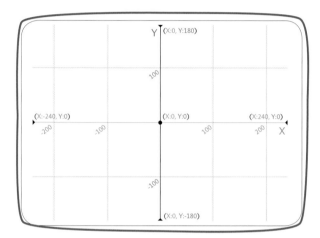

Cuando empieces un nuevo proyecto con Scratch, el gato estará en el centro de la pantalla. Las coordenadas se miden a partir del centro, así que ahí es donde X e Y tienen un valor cero. Las posiciones a la izquierda del centro tendrán un valor de X negativo (por ejemplo, -10) y las que estén a la derecha tendrán uno positivo (por ejemplo, 10). En cuanto a las coordenadas Y, los números negativos serán los que estén debajo del centro y los positivos los que estén arriba.

En Scratch hay un fondo que hace mucho más fácil ver cómo funcionan las coordenadas. Se llama «xy-grid» y puedes encontrarlo en la biblioteca de fondos, dentro de la categoría «Otros». Empieza un nuevo proyecto y añade ese fondo. Si no recuerdas cómo se cambian los fondos, vuelve al capítulo 2.

¡UN BUEN CONSEJO!

Hay una forma sencilla de recordar la diferencia entre X e Y: «X es lo que cruza». Es fácil de recordar porque X también tiene forma de cruz.

CAMBIAR LA POSICIÓN DE UN *SPRITE*

Hay seis bloques de movimiento que usan coordenadas para cambiar la posición de un *sprite*. Cuando haces clic en el número de un bloque, puedes añadir un nuevo número, ya sea positivo o negativo.

Este bloque mueve el *sprite* hasta una coordenada específica. Usa x:0 y:0 para devolver el *sprite* al centro, o cambia los números para colocarlo en otra parte. El *sprite* saltará a ese lugar de inmediato.

¿Quieres ver cómo el *sprite* se mueve hacia allí? Entonces usa este bloque. La parte de `1 segs` significa que el movimiento durará un segundo. Puedes usar 0,5 para que sea medio segundo y acelerar el proceso.

`ir a x: 0 y: 0`

`deslizar en 1 segs a x: 0 y: 0`

Puedes designar la coordenada X de un *sprite* en una posición particular sin que afecte a la coordenada Y. Si usas este bloque con un valor de 0, el *sprite* se quedará en el centro horizontal de la pantalla, pero eso no afectará a lo arriba o abajo que se quede.

`fijar x a 0`

Este bloque cambia la coordenada Y sin afectar a la coordenada X. Para dejar un *sprite* al fondo de la pantalla sin cambiar la posición X, usa este bloque con un valor de -150.

`fijar y a 0`

Este bloque cambiará la posición de X en relación a donde está ahora el *sprite*. Usa `cambiar x por -50` para que dé un gran salto a la izquierda o `cambiar x por 10` para que dé un pequeño paso a la derecha.

`cambiar x por 10`

Usa este bloque para cambiar la posición Y sin cambiar la posición X. Por ejemplo: `cambiar Y por 20` para hacer que el *sprite* vaya hacia arriba o `cambiar Y por -20` para hacer que baje.

`cambiar y por 10`

¡CUIDADO! LOS BLOQUES DE FIJAR Y DE CAMBIAR HACEN COSAS MUY DISTINTAS, PERO ES FÁCIL CONFUNDIRLOS.

PONERLE LA COLA AL BURRO

Las superhabilidades se consiguen con práctica, así que aquí tienes un sencillo juego para ayudarte a refinar tu instinto con la posición en la pantalla. Está basado en el juego de ponerle la cola al burro, donde un jugador se venda los ojos y tiene que clavar una cola en el dibujo de un burro. El ganador es el que más se acerca al lugar correcto. Nuestro juego es una versión digital, en la que colocas la cola escribiendo las coordenadas. ¿Cómo de cerca te quedarás?

CÓMO HACER EL JUEGO

1 Inicia un nuevo proyecto. Haz clic sobre el gato con el botón derecho para abrir el menú y elige «Borrar». Esta vez no lo necesitamos.

2 Sobre la lista de *sprites* hay cuatro botones para añadir otros nuevos. Haz clic sobre el primero para elegir uno de la biblioteca y coge «Horse1». Lo encontrarás más rápido si vas a la categoría «Animales» de la izquierda.

3 Haz clic sobre el caballo con el botón derecho (no importa si es en el escenario o en la lista de *sprites*) para abrir el menú y elige «Duplicar». Ahora tendrás dos caballos.

4 Haz clic sobre el primer caballo en la lista de *sprites* y luego en la pestaña de «Disfraces». Con el editor, haz clic en el botón de «Convertir a mapa de bits». Luego usa la goma para borrar la cola del caballo.

¡UN BUEN CONSEJO!
Si te parece que el juego es muy difícil, prueba añadiendo el fondo xy-grid y úsalo para averiguar la posición de la cola.

5 Haz clic en el segundo caballo dentro de la lista de *sprites*. Esta vez usa el editor para borrar el cuerpo del caballo y que solo quede la cola. Puesto que hemos borrado gran parte del disfraz, tendremos que decirle a Scratch dónde debería estar el centro. Haz clic en el botón de la cruz de arriba a la derecha para cambiar el centro del disfraz y luego haz clic sobre el centro de la cola. Si no lo haces, la posición de la cola no será correcta en el juego porque Scratch interpretará que el centro es el lugar donde antes estaba el cuerpo del caballo.

¡UN BUEN CONSEJO!

preguntar ¿Cómo te llamas? y esperar y respuesta son bloques de Sensores. Tienes que cambiar la pregunta en el bloque preguntar y arrastrar el bloque respuesta encima de los bloques fijar x a 0 y fijar y a 0.

6 Haz clic en la pestaña de «*Scripts*» que hay encima de la paleta de bloques y luego haz clic en el cuerpo del caballo en la lista de *sprites* para escribir el siguiente *script*. El bloque número al azar entre 1 y 10 elige por ti un número aleatorio y lo usaremos para colocar el caballo en una posición al azar. Es un bloque de tipo «Operador». Los números que se muestran colocarán al caballo en una posición cualquiera en la pantalla con suficiente sitio para que podamos colocar la cola. Cuando cambies la posición X o Y de un *sprite*, en realidad es el centro de ese *sprite* lo que estamos desplazando al punto requerido. Si colocamos el caballo demasiado pegado al borde del escenario, la cabeza, las patas o el trasero se pueden salir del escenario.

al ▶ presionar
ir a x: número al azar entre -120 y 150 y: número al azar entre -120 y 120

7 Haz clic en la lista de *sprites* y escribe el siguiente *script*. Los bloques respuesta y preguntar son bloques «Sensores».

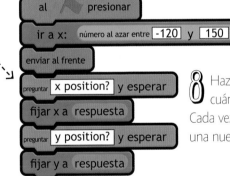

al ▶ presionar
ir a x: número al azar entre -120 y 150 y: número al azar entre -120 y 120
enviar al frente
preguntar x position? y esperar
fijar x a respuesta
preguntar y position? y esperar
fijar y a respuesta

8 Haz clic en la bandera verde y verás cuánto te has acercado al colocar la cola. Cada vez que juegues, el cuerpo estará en una nueva posición.

UN PASO MÁS ALLÁ

¿PUEDES AÑADIR DIFERENTES EFECTOS DE SONIDO CADA VEZ QUE LA COLA SE MUEVA? HAZ CLIC EN LA PESTAÑA DE SONIDOS QUE HAY ENCIMA DE LA PALETA DE BLOQUES Y LUEGO EN EL ALTAVOZ PEQUEÑO PARA AÑADIR UN NUEVO SONIDO. USA EL BLOQUE TOCAR SONIDO MIAU E INSÉRTALO DOS VECES, DESPUÉS DE LOS BLOQUES FIJAR X A RESPUESTA Y FIJAR Y A RESPUESTA. CAMBIA EL SONIDO MIAU POR TUS NUEVOS EFECTOS DE SONIDO.

DIBUJAR CON EL LÁPIZ

Los bloques de lápiz te permiten dibujar en el escenario moviendo los *sprites*. Cuando un *sprite* de lápiz baja, deja una línea allá por donde pasa. Puedes cambiar el tamaño y el color del lápiz y usar el bloque de borrar para eliminar el dibujo del escenario. Para que el *sprite* deje de dibujar según se mueve, usa el bloque sellar.

Usar el lápiz es otra forma estupenda de colocar lo necesario en el escenario. Empieza un nuevo proyecto y añade el fondo xy-grid. Haz clic en el *sprite* del gato y añade el siguiente *script*. Luego haz clic en la bandera verde para ver cómo el gato dibuja un barco.

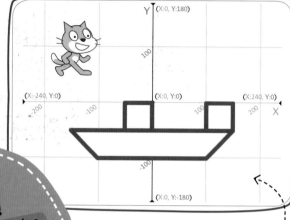

```
al     presionar
borrar
fijar color de lápiz a ■
fijar intensidad de lápiz a 8
subir lápiz
ir a x: -100 y: -100
bajar lápiz
ir a x: -150 y: -50
ir a x: 150 y: -50
ir a x: 100 y: -100
ir a x: -100 y: -100
subir lápiz
ir a x: -50 y: -50
bajar lápiz
ir a x: -50 y: 0
ir a x: 0 y: 0
ir a x: 0 y: -50
subir lápiz
ir a x: 100 y: -50
bajar lápiz
ir a x: 100 y: 0
ir a x: 150 y: 0
ir a x: 150 y: -50
```

¡UN BUEN CONSEJO!

El bloque de fijar color de lápiz a te permite elegir un color de la pantalla cuando haces clic en la caja que contiene. Aquí hemos usado un tono gris metálico, pero puedes elegir el que quieras..

En esta imagen hemos apartado al gato para que veas bien el dibujo. El gato se mueve demasiado deprisa para que lo sigas en pantalla, ¿pero puedes averiguar en qué orden se han dibujado las líneas? Echa un vistazo a los bloques ir a x:0 y:0 del programa y al fondo xy-grid para seguir su rastro.

¿POR QUÉ HAY TANTOS BLOQUES DE «SUBIR LÁPIZ» Y «BAJAR LÁPIZ»?

A veces queremos cambiar al gato a una nueva posición sin dibujar una línea, como cuando nos movemos al punto inicial para dibujar una de las chimeneas. Si no levantamos el lápiz primero, terminaremos dibujando en lugares donde no queremos.

¡UN BUEN CONSEJO!

Cada *sprite* tiene su propio lápiz, así que puedes hacer que unos dibujen y otros no.

CAMBIAR LA POSICIÓN DEL BARCO

¿Y si quisieras mover el barco 20 pasos a la izquierda? Es muy difícil, porque tendrías que cambiar todas las coordenadas X de los bloques. Y si también decides cambiar la coordenada Y, eso supone editar más todavía.

Por eso, una buena idea es no usar coordenadas concretas, sino usar los bloques que ya has visto para cambiar la posición de X e Y, o algunos bloques nuevos para mover y cambiar la dirección (mira el esquema de la derecha).

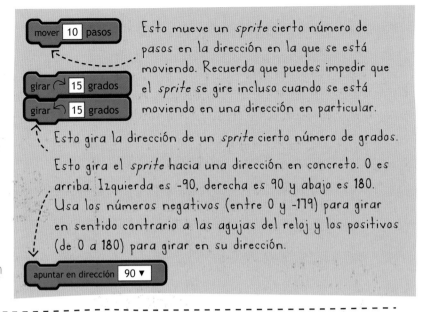

Esto mueve un *sprite* cierto número de pasos en la dirección en la que se está moviendo. Recuerda que puedes impedir que el *sprite* se gire incluso cuando se está moviendo en una dirección en particular.

Esto gira la dirección de un *sprite* cierto número de grados.

Esto gira el *sprite* hacia una dirección en concreto. 0 es arriba. Izquierda es -90, derecha es 90 y abajo es 180. Usa los números negativos (entre 0 y -179) para girar en sentido contrario a las agujas del reloj y los positivos (de 0 a 180) para girar en su dirección.

Este *script* dibuja la base del barco usando las direcciones, que están en color verde. ¿Puedes terminar añadiendo las chimeneas? ¡Ahora puedes poner el barco donde quieras!

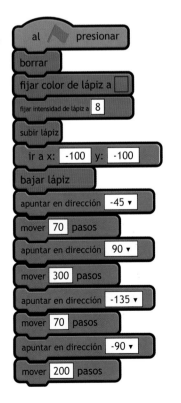

AÑADIR EL MAR Y EL CIELO

Al dibujar una línea muy gruesa de color azul debajo del barco, puedes añadir el mar, y el sol puede ser una pequeña línea dibujada con un lápiz gigante. Por último, puedes poner el gato sobre el barco. Añade estos bloques al final del *script* que has hecho.

UN PASO MÁS ALLÁ

¿POR QUÉ NO PRUEBAS A HACER TU PROPIO DIBUJO? PUEDES PLANEARLO PRIMERO EN PAPEL PARA QUE SEA MÁS FÁCIL AVERIGUAR LAS COORDENADAS.

NO TE REPITAS

A veces quieres hacer la misma cosa una y otra vez, pero es muy aburrido escribir un programa con las mismas instrucciones (¡incluso si solo copias y pegas!). En vez de eso, puedes usar bucles que le dicen al ordenador que repita algunas de las instrucciones.

DIBUJAR UN CUADRADO

Para ver cómo funcionan los bucles, usaremos el ejemplo de un *script* simple que dibuja un cuadrado cada vez que haces clic en la bandera verde. Puedes mover al gato cada vez para que no dibuje encima del cuadrado anterior.

Hay varios problemas con este *script*. El primero es que resulta complicado entender lo que hará el programa cuando lo lees. Los mejores programas son sencillos de entender para todo el mundo. En este *script*, tienes que comprobar todos los ángulos y lados para asegurarte de que va a dibujar un cuadrado completo y perfecto.

El segundo problema es que resulta tedioso de escribir porque tienes que arrastrar los mismos bloques una y otra vez. Puedes duplicar los bloques (clic derecho sobre ellos para abrir el menú), ¡pero solo porque no estamos creando un octágono, un nonágono, un decágono o una forma con más lados todavía!

Si quieres cambiar el *script* para que dibuje una forma distinta, tendrás que editar casi todos los bloques.

¡UN BUEN CONSEJO!

Los bucles no sirven solo para dibujar. Puedes usar un bucle para cualquier segmento de un programa que quieras repetir.

CREAR UN BUCLE

Una de las normas de la buena programación es no repetirte. En su lugar, deja que el ordenador se encargue de las partes repetitivas. Una forma de hacerlo es escribiendo un bucle, un segmento del programa que se repite múltiples veces.

En Scratch, puedes usar el bloque `repetir 10` para crear un bucle. En este caso, solo necesitamos repetir el proceso cuatro veces, así que cambiar el número del bloque por 4. Las instrucciones dentro del bloque amarillo `repetir 4` se realizarán cuatro veces. Este *script* es más corto, más rápido de escribir y más fácil de entender.

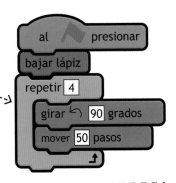

EDITAR EL BUCLE

Otra ventaja que tiene crear un bucle es que es fácil de editar. ¿Qué pasaría si decides que prefieres dibujar una forma de 10 caras (un decágono)? Solo necesitas cambiar dos números. Desde luego, es mucho mejor que escribir o editar instrucciones separadas para cada línea que quieras dibujar.

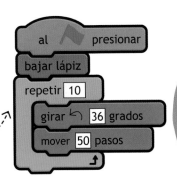

¡UN BUEN CONSEJO!

¿Puedes modificar el *script* para dibujar un triángulo, un hexágono o un pentágono? Solo tienes que dividir 360 por el número de lados para calcular el ángulo en el que gira cada arista.

BUCLES DENTRO DE BUCLES

¿Y si lo que quieres es hacer un patrón usando 150 cuadrados? Puedes meter el bucle que dibuja un cuadrado dentro de otro bucle que repite el proceso 150 veces. En este *script*, hemos añadido instrucciones para que el gato se mueva a una posición aleatoria antes de dibujar cada cuadrado y que cambie el color del lápiz antes de hacerlo.

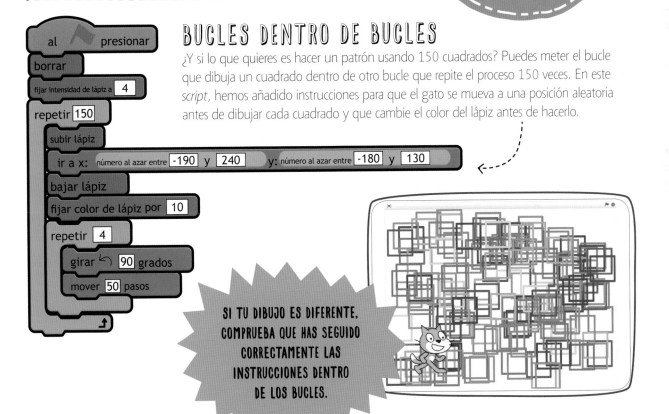

SI TU DIBUJO ES DIFERENTE, COMPRUEBA QUE HAS SEGUIDO CORRECTAMENTE LAS INSTRUCCIONES DENTRO DE LOS BUCLES.

CREAR TUS PROPIOS BLOQUES

A menudo descubrirás que distintas partes del programa tienen funciones similares. Por ejemplo, puedes hacer que un *sprite* salte cuando el jugador pulsa un botón, y que también vuele en el aire cuando toque un potenciador. Para evitar tener que repetir las cosas, puedes crear un conjunto de bloques para realizar ambos efectos. El *sprite* se tiene que mover a una altura y a una velocidad distintas según si salta o vuela, pero puedes reutilizar las instrucciones. En Scratch, esto se hace creando tus propios bloques. Para ver cómo funciona, crearemos un bloque que dibuja cuadrados.

En la paleta de bloques, haz clic en el botón de «Más Bloques» y luego en «Crear un bloque». Cuando se abra el menú, verás un bloque morado vacío. Ahí es donde escribiremos el nombre. Lo llamaremos «dibujar un cuadrado de tamaño». Haz clic en «Opciones» y verás distintos cuadros de información que puede usar el bloque. Necesitamos añadir un número, así que selecciona el botón para añadir una entrada numérica. En el bloque morado, verás un espacio con la palabra «number1». Haz clic y cámbialo por «tamaño del cuadrado».

Lo segundo que ocurre es que se añadirá un bloque definir en la zona de *scripts*. Aquí es donde le dices a Scratch lo que el nuevo bloque debe hacer, escribiendo un *script* como el de abajo. Para añadir el tamaño del cuadrado a tu *script*, arrástralo desde el bloque morado definir. Encajará en el hueco del bloque Mover 10 pasos. Aquí tienes el *script* para dibujar un cuadrado.

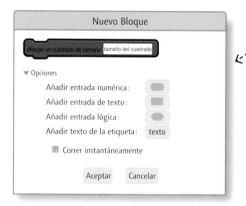

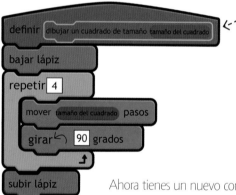

Cuando hagas clic en «Aceptar», sucederán dos cosas. La primera es que aparecerá un nuevo bloque en la paleta, que es el que acabas de crear. Verás que contiene un espacio para un número, como el del bloque Mover 10 pasos. El número que añadas ahí también aparecerá en el recuadro tamaño del cuadrado para que puedas usarlo en las instrucciones del bloque.

Ahora tienes un nuevo comando que puedes usar para dibujar un cuadrado donde sea y de cualquier tamaño. Para dibujar un cuadrado con lados de 50 pasos, tienes que usar el siguiente bloque.

¡UN BUEN CONSEJO!

Parte de la habilidad de programar es descubrir dónde puedes desglosar un programa en pequeños segmentos como este. Busca oportunidades para reutilizar los segmentos de tus *scripts* de esta forma.

USAR TU NUEVO BLOQUE

Ahora podemos usar nuestro bloque para dibujar cuadrados y hacer un *script* que dibuje una casa, con cuadrados que formen las ventanas y el exterior, y líneas separadas que añadiremos para el techo (al principio) y la puerta (al final). Pese al número de cuadrados en la imagen, solo tenemos que decirle una vez a Scratch cómo dibujar un cuadrado.

NO PUEDES USAR TU NUEVO BLOQUE CON OTROS *SPRITES*, SOLO FUNCIONA EN EL *SPRITE* DONDE LO HAS DEFINIDO.

al ▶ presionar

bajar lápiz

apuntar en dirección `-45 ▾`

mover `25` pasos

apuntar en dirección `-90 ▾`

mover `50` pasos

apuntar en dirección `-135 ▾`

mover `25` pasos

apuntar en dirección `180 ▾`

dibujar un cuadrado de tamaño `85`

cambiar x por `10`

cambiar y por `-10`

dibujar un cuadrado de tamaño `25`

cambiar x por `40`

dibujar un cuadrado de tamaño `25`

cambiar y por `-40`

dibujar un cuadrado de tamaño `25`

cambiar x por `-40`

cambiar y por `-35`

apuntar en dirección `0 ▾`

bajar lápiz

mover `35` pasos

girar ↻ `90` grados

mover `20` pasos

girar ↻ `90` grados

mover `35` pasos

UN PASO MÁS ALLÁ

¿PUEDES ADAPTAR EL PROGRAMA PARA DIBUJAR UNA CIUDAD? PUEDES USAR EL BLOQUE REPETIR 10 PARA MOVER EL *SPRITE* A OTRA PARTE Y DIBUJAR UNA CASA UNA Y OTRA VEZ.

TOMAR DECISIONES

A veces los programas tienen que decidir sobre qué harán a continuación, dependiendo de qué más esté sucediendo en el programa o de lo que esté haciendo el usuario. En este capítulo aprenderás cómo escribir *scripts* que tomen decisiones.

EL JUEGO DE LA GUÍA

Seguro que has visto el juego de la guía en alguna feria, en el que necesitas un pulso firme para guiar un aro por un alambre retorcido sin tocarlo: en este caso, guiarás una flecha por la pantalla, pero no podrás tocar el color rojo.

Todos los programas que hemos utilizado hasta el momento han hecho lo mismo siempre que los hemos activado. Los dibujos que hemos creado eran iguales siempre que hacíamos clic en la bandera verde, excepto por su posición aleatoria.

En este juego, necesitamos que Scratch haga diversas cosas cuando presionamos las teclas que controlan el *sprite*, y también que suene un zumbido si tocamos el color equivocado. Cada vez que iniciamos el juego, se puede jugar de manera distinta, haciendo que algunos jugadores tomen rutas extrañas y otros que toquen el rojo más a menudo. El programa tiene que decidir dónde y cuándo mover el *sprite* y cuándo tiene que sonar el zumbido.

El bloque que usaremos para tomar estas decisiones es el de `si...entonces` (ver arriba a la derecha). Puede que al principio te parezca extraña la idea de este bloque, pero los humanos también piensan un poco así. Imagina la frase «Si llueve, me pongo el chubasquero». La parte de «Si llueve» es como la forma de diamante en el bloque `si...entonces`, y el «me pongo el chubasquero» sería lo que hay dentro del corchete.

PARTES DEL BLOQUE «SI...ENTONCES»

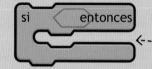

○ Un hueco con forma de diamante: se emplea para decidir si el programa debería hacer algo o no.

○ Un corchete, como el que tiene el bloque `repetir 10`. Dentro de este corchete van las instrucciones que ocurrirán, o no, dependiendo de lo que decida el programa.

¡BZZZ!
¡BZZZ!

PROBANDO EL BLOQUE SI...ENTONCES

Aquí tienes un *script* simple que muestra el bloque
si…entonces en acción. El bloque comprueba si la barra
espaciadora está pulsada usando uno de los bloques sensores,
y si lo está, mueve el *sprite* 10 pasos. Tenemos que usar un
bloque por siempre para que el programa siga comprobando
si estamos pulsando la barra o no. Haz clic en la bandera verde
y el *sprite* se moverá cuando pulses la barra de espacio.

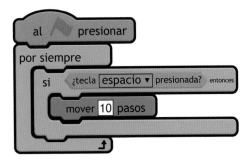

A menudo querrás comprobar si un número es mayor,
menor o igual que otro. Por ejemplo, puede que quieras
ver si la posición X del *sprite* es mayor que 240, en cuyo
caso se saldría del borde derecho del escenario. Para
comparaciones como esta, usaremos los bloques
«Operadores».

COMPARAR NÚMEROS CON OPERADORES

El bloque < comprueba si
el número de la primera caja es
menor que el de la segunda, el
bloque = comprueba si son
iguales y el bloque > si el
primero es más grande que
el segundo.

Prueba este ejemplo: moverá el *sprite* cuando pulses la
barra de espacio, pero cuando se salga del borde derecho
del escenario lo hará entrar de nuevo por el izquierdo.

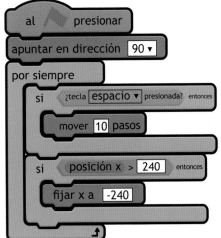

¡BZZZ!
¡BZZZ!
¡BZZZ!

¡UN BUEN CONSEJO!

Hay montones de factores en los que
puedes basar tu decisión. Al usar el
bloque ¿toca? , puedes comprobar si
un *sprite* está tocando a otro, el borde
del escenario o el puntero del ratón.
Puedes comprobar si el botón del ratón
está presionado usando el bloque
¿ratón presionado? y descubrir
si un *sprite* está tocando un
color en particular.

PROGRAMANDO EL JUEGO DE LA GUÍA

Ahora ya estás listo para escribir el juego de la guía. Primero, diseña el fondo. Debajo del escenario, en la lista de *sprites*, selecciona el pincel para pintar un nuevo fondo y decóralo con obstáculos rojos para sortear. Haz clic con el botón derecho sobre el *sprite* del gato y elige «Borrar». Ahora, selecciona «Arrow1» como nuevo *sprite* y añádele el efecto de sonido «buzz whir». Haz clic en la pestaña de «Disfraces» y asegúrate de seleccionar «Arrow1-a», que apunta a la derecha.

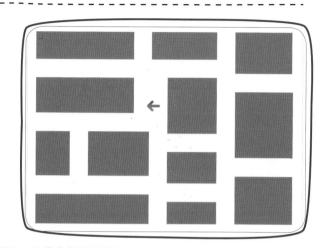

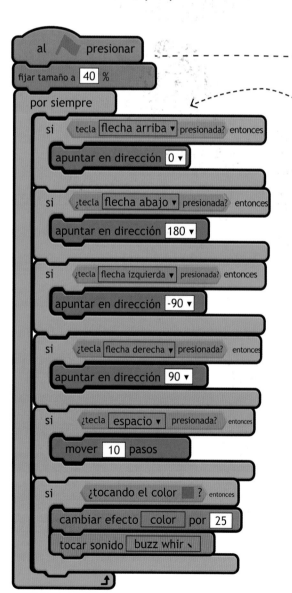

Aquí tienes el *script* que necesitas para colocar el *sprite* «Arrow1» y poder empezar el juego.

Verás algunas cosas nuevas. Para detectar si se están pulsando las direcciones, hay que usar el bloque «Sensor» ¿tecla espacio presionada? y hacer clic en el menú desplegable para cambiar la tecla por otra. El bloque ¿tocando el color? también es un bloque sensor. Para cambiar el color a rojo, haz clic en el cuadrado y luego en uno de los obstáculos del escenario. Así te aseguras de que es igual que el tono de los obstáculos al comprobar si el *sprite* está tocando el rojo.

También puedes añadir un efecto de cambio de color con los bloques de «Apariencia» para cuando toques un obstáculo. Como la detección de obstáculos forma parte del bucle por siempre, igual que los controles del teclado, el *script* seguirá cambiando el color del *sprite* mientras estés tocando el mencionado obstáculo, haciendo que muestre distintos colores.

Comprueba si puedes pasar de un lado de la pantalla al otro. Puedes jugar con un amigo y ver quién aguanta más sin tocar un obstáculo, o hacer turnos para manejar el *sprite* hasta que uno toque un rectángulo rojo.

¡UN BUEN CONSEJO!

También hay un bloque de «Eventos» llamado al presionar tecla espacio que puedes usar para activar un *script* cuando se pulse una tecla. Suele ser un poco lento en los juegos de acción, pero es otra forma de controlar un *sprite*. ¡A menudo hay dos o más formas de escribir un mismo programa!

AJUSTAR LA DIFICULTAD

Si los juegos son demasiado difíciles, resultan frustrantes y los jugadores se rinden. Si son demasiado fáciles, no hay reto y a nadie le interesa jugarlos. Encontrar el punto justo de dificultad es algo complicado, pero es esencial para conseguir buenos videojuegos.

La forma de ajustar bien la dificultad es hacer que alguien pruebe tus juegos. Puedes observarles mientras juegan a tu versión del juego de la guía y ver qué partes son demasiado difíciles. Como tú eres quien ha hecho el juego, seguramente te parezca más fácil que a los demás, ¡por eso tienes que insistir para que lo prueben!

Además de mirar cómo juegan, tienes que asegurarte de que hay suficiente espacio para que puedan pasar por todos los obstáculos. No sería justo que el espacio no fuera lo bastante ancho. En el segundo bloque de este *script* de ejemplo, el tamaño del *sprite* es del 40%, pero puedes hacerlo más pequeño si tus obstáculos están muy juntos. Eso sí, asegúrate de que no es demasiado pequeño y que se ve con facilidad.

UN PASO MÁS ALLÁ

TAMBIÉN PUEDES AÑADIR UN *SPRITE* OBJETIVO DE OTRO COLOR PARA QUE EL JUGADOR LO USE COMO META E INCLUIR UN SONIDO TRIUNFANTE CUANDO LA FLECHA LO ALCANCE. PUEDES DISEÑAR DIVERSOS FONDOS PARA QUE HAYA DIFERENTES CAMINOS POR LOS QUE AVANZAR. ¿QUÉ MÁS SE TE OCURRE PARA MEJORAR ESTE JUEGO?

USANDO EL BLOQUE «SI...ENTONCES...SI NO»

Hay otro bloque que puedes usar para tomar decisiones, el bloque `si...entonces...si no`. Puedes pensar en «si no» como «en caso contrario», así que este bloque se usa para decisiones como «Si llueve, me pongo el chubasquero; en caso contrario, llevaré gafas de sol».

TRYING IT OUT

Aquí tienes un ejemplo sencillo que puedes usar con cualquier *sprite*. Haz clic sobre el menú del bloque `¿tocando ?` para seleccionar el ratón. El bloque `decir` (uno de los bloques de la categoría «Apariencia») usa un bocadillo para mostrar un mensaje. Se quedará ahí hasta que el *sprite* diga otra cosa. Si usas el bloque sin introducir nada en la caja de texto, el bocadillo desaparece. Este *script* hace que el *sprite* diga algo cuando lo tocas con el ratón, pero que pare cuando el puntero no lo está tocando ya.

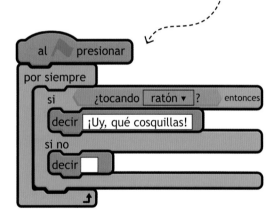

LAS PARTES DEL BLOQUE «SI...ENTONCES...SI NO»

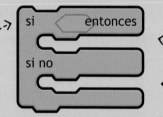

○ Un hueco con forma de diamante: aquí es donde compruebas si algo es cierto o no, como por ejemplo si la puntuación es mayor que 10 o si está pulsado el espacio.

○ El primer corchete: aquí es donde colocas los bloques que quieres usar si lo que estás comprobando se cumple.

○ El segundo corchete: aquí es donde colocas los bloques que quieres usar si no se cumplen las condiciones.

¡UN BUEN CONSEJO!

En Scratch no importa si usas mayúsculas o no al escribir la respuesta.

RESPONDER PREGUNTAS

Enseguida vas a ver cómo hacer un juego de preguntas, pero antes, tenemos que averiguar cómo conseguir que el jugador pueda escribir algo. El bloque `preguntar What's your name?` y esperar, uno de los bloques sensores, te permite realizar una pregunta y abre un panel para que el jugador escriba su `respuesta`. Lo que contesten se guardará en el bloque respuesta. Ya has visto estos bloques en el capítulo 3, pero ahora tendrás que entender de verdad cómo funcionan.

A menudo, los programadores realizan programas de prueba cortos como este para ver cómo funciona algo (¡y si lo hace o no!). Cuando lo hayas probado, puedes hacer clic con el botón derecho sobre el *script* y borrarlo.

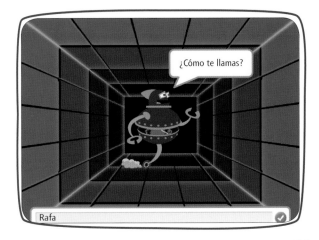

CREAR UN JUEGO DE PREGUNTAS

Para el juego de preguntas puedes usar cualquier fondo y *sprite* que quieras para realizar las preguntas. Primero, haz una pequeña animación para celebrar que el jugador responde bien las preguntas. Crea un bloque llamado `danza de la victoria`. En este ejemplo, hemos añadido el efecto de sonido «whoop» usando la pestaña de «Sonidos».

El *script* de las preguntas reúne montones de cosas que has aprendido en este capítulo. Hace una pregunta. Usa el bloque `=` para comprobar si la respuesta es la misma (o igual en cantidad) que la respuesta correcta. Y si es así, muestra una danza de la victoria. Si no, muestra cuál era la respuesta.

Para añadir otra pregunta, haz clic con el botón derecho sobre el bloque `preguntar` y elige «Duplicar» en el menú. Scratch copiará también todos los bloques que haya debajo. Solo tienes que juntarlos en la parte inferior del *script* y editarlos para que muestren una nueva pregunta y respuesta. Puedes seguir añadiendo más y más preguntas, según te parezca.

¡UN BUEN CONSEJO!

Algunas respuestas se pueden escribir de muchas maneras (por ejemplo: el rey Felipe VI, Felipe VI o el Rey). Los jugadores se pueden enfadar si conocen la respuesta pero no saben cuál es la forma correcta de escribirla. Haz siempre preguntas cortas y simples.

USAR LAS VARIABLES

Ya sean nombres, puntuaciones o preguntas, los ordenadores guardan todo tipo de información. En este capítulo aprenderás a usar las variables y listas para mantener un registro de la información en tus juegos.

CREAR UNA VARIABLE

Si quieres recordar cierta información de un juego, puedes usar una variable. Es como una caja para guardar información, sea un número o un texto, como un nombre. Se llama «Variable» porque la información que contiene puede variar (o cambiar por completo). Por ejemplo, durante un juego el número en la variable de la puntuación puede subir o bajar.

Para hacer una variable con Scratch, haz clic en la pestaña de «Datos» de la paleta de bloques y luego en «Crear una variable». Escribe un nombre para la variable, algo como «puntuación».

Haz clic en «Aceptar» y verás que aparecen nuevos bloques en la paleta de bloques.

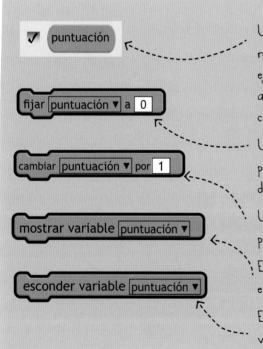

Usa este bloque cuando quieras hacer algo con el número que hay dentro de la variable, como por ejemplo comprobar si la puntuación es lo bastante alta como para lanzar un mensaje de felicitación. La casilla a su lado muestra la variable en el escenario.

Usa este bloque para fijar el valor de la puntuación en un número específico. Al principio del juego, úsalo para borrar la puntuación.

Usa este bloque para aumentar la puntuación o para mermarla usando un número negativo

Este bloque muestra la variable en el escenario.

Este bloque esconde la variable en el escenario.

¡UN BUEN CONSEJO!

Usa nombres que te ayuden a recordar qué es lo que estás guardando en la variable.

CREAR UN JUEGO DE EXPLOTAR GLOBOS

Aquí tienes un juego que te enseñará a seguir la puntuación. Los globos flotan en la pantalla y cada vez que pinchas uno, desaparece y consigues un punto.

Inicia un nuevo proyecto, borra el *sprite* del gato y añade el del globo. Crea una nueva variable llamada «puntuación» y adjúntale el sonido «triumph». Tendrás que usar los dos *scripts* que verás a la derecha.

El *script* principal deja a cero la puntuación al principio y luego inicia un bucle que se repite 10 veces. Cada vez coloca un globo en un lugar al azar en el fondo de la pantalla y lo va moviendo lentamente hacia arriba. Al final, si la puntuación supera los ocho puntos, suena una fanfarria triunfante. El otro *script* aumenta la puntuación y esconde el globo cuando haces clic sobre él.

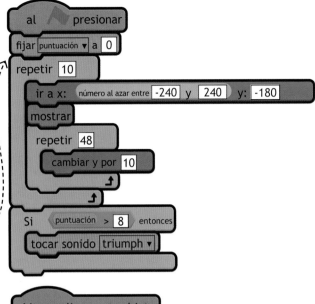

al ▶ presionar
fijar puntuación ▼ a 0
repetir 10
  ir a x: número al azar entre -240 y 240 y: -180
  mostrar
  repetir 48
    cambiar y por 10
Si puntuación > 8 entonces
  tocar sonido triumph ▼

al hacer clic en este objeto
cambiar puntuación ▼ por 1
esconder

¡UN BUEN CONSEJO!

Para jugar, haz clic sobre el botón de «pantalla completa» sobre el escenario, al lado del nombre del proyecto. Si no, Scratch puede pensar que estás intentando cambiar los sprites del escenario.

PARA EL BLOQUE SI DEL SCRIPT PRINCIPAL, ARRASTRA LOS BLOQUES EN ESTE ORDEN: SI , > , PUNTUACIÓN .

UN PASO MÁS ALLÁ

¿PUEDES CAMBIAR LOS NÚMEROS PARA QUE CADA CLIC CUENTE 10 PUNTOS Y QUE LA FANFARRIA SUENE SI EL JUGADOR CONSIGUE MÁS DE 50 PUNTOS?

USAR TEXTO CON LAS VARIABLES

El bloque `respuesta` solo mantiene un registro de lo último que se ha escrito. Si incluyes esta información en una variable, podrás usarla siempre que quieras.

En este sencillo ejemplo, el *sprite* recuerda tu nombre incluso después de que hayas escrito el nombre de tu pueblo o ciudad. Recuerda crear las variables «nombre del jugador» y «nombre de localidad» antes de intentar usarlas. Haz clic en el menú del bloque `fijar` para elegir la variable cuando haya más de una. El bloque verde `unir` te permite colocar dos palabras en el mismo bocadillo de texto. Coloca un espacio después de «Hola» para evitar que el texto se junte.

¿UNA PARA TODOS? ¿TODOS PARA UNA?

Cuando creas una variable tendrás que elegir entre usarla para un solo *sprite* o para todos. Normalmente, no importa si hacer la variable para todos los *sprites*.

Hacer una variable para un solo *sprite* es buena idea por dos razones. Primero, protege la variable de posibles *bugs* causados por otros *sprites* haciendo que cambie cuando no debiera. Muchos lenguajes de programación usan esta idea para asegurarse de que los programas funcionen correctamente y sea más fácil eliminar los *bugs*. Segundo, de este modo podrás duplicar un *sprite* y sus variables seguirán funcionando como esperas que hagan. Esto sucede porque muchos *sprites* pueden tener variables con el mismo nombre mientras estas hayan sido creadas solo para ese *sprite*. Por ejemplo, puedes hacer un *sprite* de alienígena que use la variable «energía». Si creas esa variable en exclusiva para ese *sprite*, luego puedes duplicar el *sprite* y ambos tendrán sus propias variables «energía» que funcionarán de manera independiente.

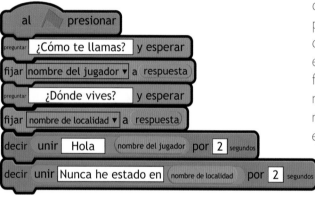

¡SI SABES QUE UN SOLO SEGMENTO DEL PROGRAMA PUEDE CAMBIAR UNA VARIABLE, SABES DÓNDE BUSCAR LOS *BUGS* SI LA VARIABLE EMPIEZA A HACER ALGO INESPERADO!

¡PRUÉBALO!

Prueba este sencillo programa para ver cómo funciona. Inicia un nuevo programa y añade el *sprite* «Sol». Crea la variable «energía» solo para este *sprite*. Ahora añade estos *scripts* al *sprite*.

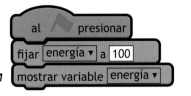

Cuando hagas clic en la bandera verde, verás que la energía del *sprite* es 100. Cuando hagas clic en el *sprite*, la energía bajará un punto.

Haz clic con el botón derecho sobre el *sprite* en la lista de *sprites* y selecciona «Duplicar» para tener dos soles en el escenario. Ahora haz clic en la bandera verde y verás dos variables de energía en el escenario: una para «Sol» y otra para «Sol2». Cuando hagas clic sobre uno de los *sprites*, su energía bajará un punto sin afectar a la del otro.

Puedes duplicar el *sprite* para añadir incluso más soles. Para muchos juegos, esta técnica te permite crear el *sprite* de un enemigo y luego copiarlo diversas veces sin tener que cambiar el código para cada uno de ellos.

¡UN BUEN CONSEJO!

Esta técnica es ideal cuando quieres copiar *sprites* sin que estorben a las variables de los demás objetos.

USAR LAS LISTAS

En una variable solo puedes guardar un número o palabra. En un programa puedes usar más de una variable, pero hay una forma mejor de guardar un grupo de datos similares: es lo que llamamos una lista.

Para hacer una lista, haz clic en la pestaña «Datos» de la paleta de bloques y luego en el botón de «Crear una lista». Ponle un nombre (empecemos con una lista que se llame «amigos») y luego dale a «Aceptar». Verás que aparecen algunos bloques nuevos en la paleta que puedes usar para añadir los datos de tu lista, borrarlos, insertarlos en un punto particular de la lista y reemplazar uno por otro. También hay bloques que te permitirán ver uno de los objetos de la lista o comprobar sí hay uno incluido en ella.

Aquí tienes un sencillo programa que organiza una lista de amigos y luego habla sobre uno de ellos elegido al azar.

El programa empieza vaciando la lista (usando el bloque `borrar 1 de amigos` y cambiando el «1» por «todos»), porque si no se volvería más y más larga cada vez que pulsáramos sobre la bandera verde. Usa el bloque `añade objeto a amigos` para añadir amigos a la lista. El bloque `elemento 1 de amigos` tiene un menú que puedes usar para elegir un elemento al azar. Prueba a escribir distintos números en este espacio y experimenta añadiendo más nombres.

```
al 🏳 presionar
fijar [número de preguntas ▾] a [1]
borrar [todos▾] de [preguntas ▾]
borrar [todos▾] de [respuestas ▾]
añade (¿En qué país vive más gente?) a [preguntas ▾]
añade [China] a [respuestas ▾]
añade (¿Qué significa EE. UU.?) a [preguntas ▾]
añade [Estados Unidos] a [respuestas ▾]
añade (¿Qué planeta es el más cercano al Sol?) a [preguntas ▾]
añade [Mercurio] a [respuestas ▾]
repetir (longitud de [preguntas ▾])
    preguntar (elemento (número de pregunta) de [preguntas ▾]) y esperar
    si ⟨respuesta = elemento (número de pregunta) de [respuestas ▾]⟩ entonces
        decir [¡Eso es!] por [2] segs
    si no
        decir (unir [No, es] (elemento (número de pregunta) de [respuestas ▾])) por [2] segs
    cambiar [número de pregunta ▾] por [1]
```

MEJORANDO EL JUEGO DE PREGUNTAS

¿Recuerdas el juego de preguntas del capítulo anterior?
Vamos a mejorarlo usando listas para guardar las preguntas y
las respuestas. Crea una variable llamada «número de
pregunta», una lista llamada «preguntas» y otra llamada
«respuestas». Luego crea el *script* de la izquierda. Parece un
poco complicado, pero usa bloques e ideas que ya has visto.

La variable número de pregunta se usa para recordar en qué
ronda del juego de preguntas estamos (pregunta 1, 2 o 3
de este juego). La primera vez, su valor es 1. El programa
formula la pregunta 1 y luego comprueba la respuesta del
jugador en base al primer elemento de la lista de respuestas.
Al terminar el bucle, el número de pregunta aumenta
y entonces el programa pasa a la pregunta 2.

¡UN BUEN CONSEJO!

El bucle principal es un bloque repetir 10 con el bloque longitud de preguntas en el espacio donde normalmente iría el número.

¿POR QUÉ ES MEJOR ESTE MÉTODO?

En el último capítulo viste cómo hacer un juego de preguntas
duplicando los bloques. Este programa es mucho más sencillo de
comprender y de actualizar. Todas las preguntas y respuestas están
en un sitio y puedes cambiar el comportamiento del juego
modificando el bucle en cuestión.

UN PASO MÁS ALLÁ

¿PUEDES AÑADIR LA DANZA DE VICTORIA Y UNA
PUNTUACIÓN QUE AUMENTE CUANDO EL JUGADOR RESPONDA
CORRECTAMENTE? INTENTA AÑADIR TAMBIÉN MÁS PREGUNTAS
Y RESPUESTAS A ESTE JUEGO (ANTES DEL BLOQUE REPETIR).

PLANIFICANDO TU JUEGO

Ahora que ya dominas las bases de la programación, estás listo para planificar un videojuego. Es hora de pensar en el tema y de empezar a probar parte del código que necesitas.

ELEGIR UN TEMA

En el siguiente capítulo vas a realizar un juego de plataformas en el que tu personaje tiene que ir saltando y esquivando a los enemigos.

Antes de que empieces a crear el juego, piensa en cuál quieres que sea el contexto. Si la aventura tiene lugar en el espacio, en una granja o en la calle, eso afectará a los *sprites* que vayas a usar y a las imágenes de fondo. Puedes hacer un juego de fantasía que combine alienígenas, vacas y trenes, pero el juego tendrá más sentido si eliges un tema y te ciñes a él.

En este juego de ejemplo, *La siesta gatuna*, el gato quiere descansar en un árbol, pero primero tiene que encontrar el camino hasta la casa del árbol. Eso significa que tiene que saltar de rama en rama esquivando a los molestos insectos que le robarán la energía.

Empieza reuniendo o dibujando algunos *sprites* que puedas usar para el juego. Necesitarás un personaje que el jugador pueda mover y un enemigo que evitar. También puedes diseñar un fondo. No te molestes todavía en dedicar mucho tiempo a los gráficos. A menudo, los programadores usan bocetos mientras crean su juego y luego añaden los gráficos finales, así pueden empezar a programar de inmediato. Según van desarrollando el juego, es posible que les vengan ideas para mejorar el apartado gráfico.

USAR PROTOTIPOS

Los programadores suelen crear «prototipos», que son versiones tempranas y simples de un programa que les permite comprobar cómo funcionan las cosas. Estos prototipos se usan para las partes más importantes del programa y para las que sean más difíciles de escribir. Si no funcionan, el programador tiene más tiempo para encontrar una forma de solucionarlo o de considerar otras alternativas al juego.

¡UN BUEN CONSEJO!

¿Quieres protagonizar tu juego? ¿Por qué no añades una foto tuya? Ve a la pestaña de Disfraces y haz clic en el icono de la carpeta.

¿VAS CORTO DE IDEAS? PIENSA EN TUS LIBROS Y PELÍCULAS FAVORITOS. ¿DÓNDE ESTÁN AMBIENTADOS? ¿CUÁLES SON LAS MEJORES AVENTURAS?

PROBAR EL DISEÑO DE UN NIVEL

Para poder hacer algunas pruebas, tendrás que crear un diseño de nivel sencillo con el que puedas experimentar. Vamos a usar colores distintos para ver si algo puede servir como suelo (una plataforma), si se puede subir por ello (una cuerda o escalera) o si es la meta (la casa del árbol de este juego). En este ejemplo, usamos el rojo para las plataformas y el amarillo para las escaleras. La meta será de color marrón.

Es mejor diseñar los niveles creando un nuevo *sprite* y dibujando un disfraz. Puedes hacer que el *sprite* sea lo bastante grande como para llenar el escenario. Así, podrás agrandar y acortar las plataformas con el disfraz sin necesidad de tocar el fondo. Haz clic sobre el icono del pincel en la lista de *sprites* para empezar. Arrastra el *sprite* al escenario si lo necesitas para ver el proceso. Luego, puedes colocar un fondo para hacer la disposición más interesante.

PROBANDO LA GRAVEDAD

Si el personaje se cae de una plataforma, debería caer hasta llegar a otra plataforma. Tendremos que comprobar si el jugador está pisando el suelo o flotando, así que vamos a crear un bloque para ello.

Haz clic sobre el gato en la lista de *sprites*. En la paleta de bloques, haz clic en «Más bloques» y crea uno nuevo llamado «comprobar suelo». Usaremos una variable llamada «estoy flotando» para recordar si el *sprite* está en el aire o no, así que tendrás que acudir a la pestaña de datos para hacerlo. No importa si la variable es para un solo *sprite* o para todos. Recuerda hacer clic en la caja de color del bloque ¿tocando color? y luego en el color de la plataforma del escenario.

Haz clic en la bandera verde para iniciar el programa. Ahora arrastra el *sprite* del gato del escenario hasta algún sitio alto de la pantalla. Debería caer hasta aterrizar en una plataforma roja. El programa usa el bloque por siempre para seguir comprobando si el *sprite* está en suelo firme o está flotando, usando nuestro bloque comprobar suelo . Si la respuesta almacenada en «estoy flotando» es sí, entonces mueve el *sprite* hacia abajo por el escenario.

Para impedir que el gato caiga también por las escaleras, añade una prueba para el color de la escalera en el *script* de comprobación del suelo.

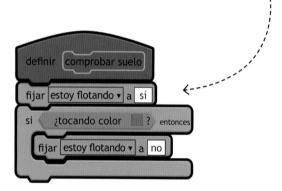

Ahora añade el siguiente *script* al *sprite* del gato.

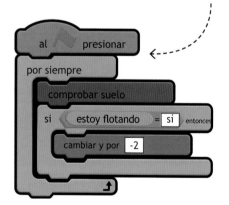

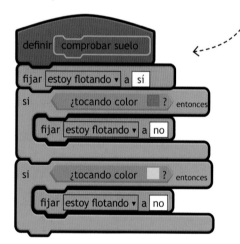

RECUERDA COMPROBAR QUE NO HAY ESPACIOS EN LAS RESPUESTAS DE «SÍ» Y «NO». SI LOS HAY, EL CÓDIGO NO FUNCIONARÁ.

SOLUCIONAR LOS *BUGS*

Si arrastras el gato por el escenario, descubrirás que hay un error en el código. Si el gato toca la plataforma roja, no caerá, lo que implica que tampoco lo hará si lo toca aunque no sea con los pies. Por ejemplo, puedes colocar su cabeza sobre la plataforma y se quedará ahí levitando. El objetivo es que la plataforma detenga la caída del gato si este cae sobre ella.

Para solucionarlo, tenemos que añadir otro color debajo de nuestra plataforma. Si el gato toca este color, querrá decir que no está encima de la plataforma, por lo que seguirá cayendo. En el ejemplo de abajo, hemos usada el naranja porque contrasta mucho con el color rojo. La línea es gruesa para que puedas verla en este ejemplo, pero solo necesitamos una línea fina a la hora de crear la disposición real.

Ahora modificaremos el *script* «comprobar suelo» para ver si el gato toca el color naranja. Colocaremos este paso entre

¡UN BUEN CONSEJO!

Para diseñar un nuevo fondo, busca el icono del pincel abajo a la izquierda, donde dice «dibujar nuevo fondo». Así podrás pintarlo como si fuera un disfraz. En los ejemplos de abajo lo hemos pintado todo de negro.

las pruebas del rojo y el amarillo, porque las instrucciones del último elemento están por encima de las anteriores y hay que colocar las órdenes más importantes al final. Siempre podemos apoyarnos en las escaleras y ponerlas en último lugar. El naranja significa «flotar» a menos que el gato esté en una escalera. Por último, el rojo se mantendrá igual siempre que el gato no toque el naranja.

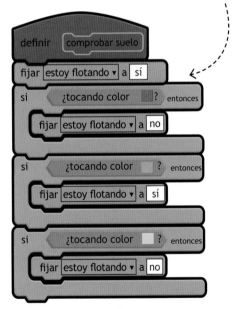

UN PASO MÁS ALLÁ

¿PUEDES ROMPER EL PROGRAMA? ¡PRUEBA A HACER COSAS MAL PARA VER SI TU PROGRAMA LO RESISTE! ES UNA BUENA FORMA DE ENCONTRAR *BUGS*.

PROBANDO UNA PLATAFORMA MÓVIL

A veces, los juegos tienen plataformas móviles a las que sólo se puede llegar saltando en el momento preciso. En estos casos, usaremos un *sprite*. También hay que lograr que el gato se mueva sobre ella cuando esté encima.

Un *sprite* no se puede mover sobre otro, pero puede pedirle que se mueva. Esto se hace enviando un mensaje. Cualquier *sprite* puede responder al mensaje, pero en este caso vamos a hacer que solo responda el gato.

Empieza creando el *sprite* de una plataforma: tiene que ser roja con una línea naranja debajo, como las demás plataformas. Adjúntale el siguiente *script* para que se mueva de izquierda a derecha.

Para hacer que el gato responda, tienes que adjuntar dos *scripts* al gato que se moverá cuando reciba uno de los dos mensajes. Haz clic sobre el menú en el bloque para elegir un mensaje.

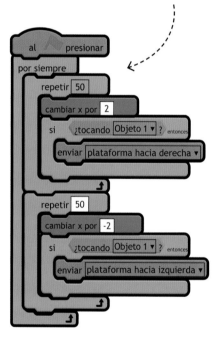

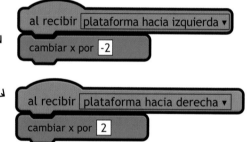

Haz clic en la bandera verde para iniciar los *scripts*. Arrastra al gato al escenario para colocarlo sobre la plataforma y entonces debería caer sobre ella y luego moverse a izquierda o derecha según se desplace.

Si el *sprite* está tocando el *sprite* del gato («objeto1»), enviará un mensaje para decirle al gato hacia dónde debe moverse. Los bloques de envío son bloques de «Eventos» y puedes hacer clic en el menú desplegable para crear nuevos mensajes, que llamaremos «plataforma hacia izquierda» y «plataforma hacia derecha».

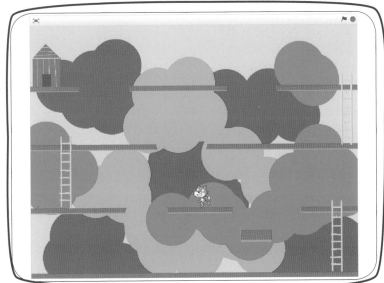

CREAR LA DISPOSICIÓN DEFINITIVA DEL JUEGO

Ahora que has probado la gravedad del juego, es hora de diseñar el juego de verdad. Para ofrecer una disposición más interesante llena de plataformas a las que saltar, el juego del ejemplo tiene cuatro filas de plataformas y hemos reducido el tamaño del gato.

Empieza creando un nuevo disfraz para el *sprite* del diseño de tu nivel y luego dibuja líneas sobre el ancho del escenario. A continuación usa la goma para crear los huecos y dibuja algunas escaleras. Asegúrate de que las escaleras sobrepasan la altura de las plataformas o el gato no podrá bajarlas del todo.

Coloca la casa del árbol o cualquier otra meta cerca de la parte superior de la pantalla y diseña un camino intrincado que el gato tenga que saltar y escalar para llegar allí.

También puedes añadir un fondo, ya sea de la biblioteca o uno propio. El fondo que hay en el ejemplo está hecho con manchas verdes para simular la copa de los árboles. Ten cuidado de no usar ninguno de los colores del juego (rojo, naranja, amarillo y marrón) en el fondo.

CONSTRUYENDO TU JUEGO DE PLATAFORMAS

¡Ya estás listo para completar el juego! Tendrás que emplear todas las habilidades que has ido ganando desde que empezaste este libro para añadir los enemigos y los controles de tu primer juego.

EL JUEGO HASTA EL MOMENTO

Siguiendo el prototipo del último capítulo, deberías tener definido el bloque `comprobar suelo` en el *sprite* del jugador, una plataforma flotante (y los *scripts* para que el gato se mueva con ella) y un diseño de nivel. Ahora deberías borrar el *script* de la bandera verde.

PREPARAR EL *SPRITE* DEL JUGADOR

Cuando el jugador hace clic en la bandera verde para empezar el juego, lo primero que tenemos que hacer es preparar el *sprite* del jugador. Eso significa que hay que programar su tamaño, posición, estilo de rotación y la dirección. Puedes usar el bloque `enviar al frente` para asegurarte de que el gato siempre aparece encima de las plataformas y los enemigos, de modo que no desaparezca detrás de ellos.

Usaremos la variable energía para controlar el nivel de vida del jugador. Irá bajando según toque los *sprites* de los enemigos, de modo que el juego termine cuando llegue a cero.

Haremos que sea más divertido jugar otra vez calculando cuánto cuesta terminar la partida, para que el jugador intente acabarlo lo antes posible. Al principio del juego, reiniciaremos el cronómetro de Scratch (un bloque «Sensor»). Al terminar la partida, comprobaremos cuánto ha tardado.

Añade este *script* al *sprite* de tu jugador para empezar. Puede que necesites ajustar el tamaño y la posición de inicio del *sprite* dependiendo del diseño de tu nivel.

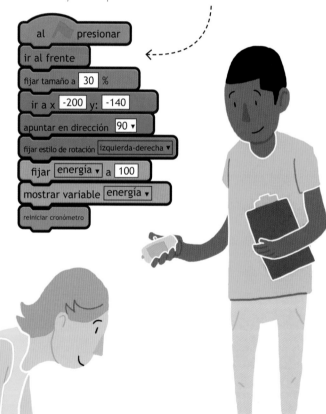

¡UN BUEN CONSEJO!

Recuerda preparar la variable de energía en la parte de Datos de la paleta de bloques.

AÑADIR LOS CONTROLES DEL JUGADOR

El bucle del juego se repite hasta que el jugador toca la meta. Esto incluye los controles y una comprobación para ver si se ha agotado la energía del personaje. Tienes que añadirlo al *script* que ya tienes, debajo del bloque (reiniciar cronómetro).

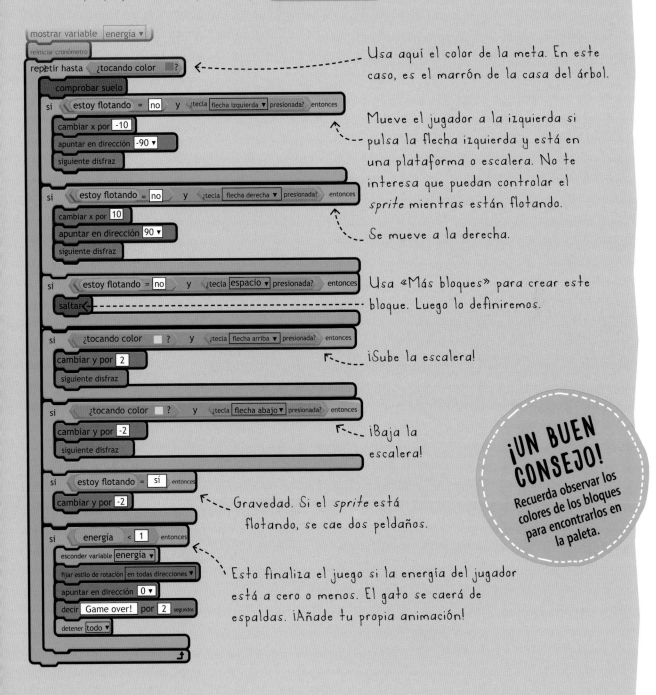

Usa aquí el color de la meta. En este caso, es el marrón de la casa del árbol.

Mueve el jugador a la izquierda si pulsa la flecha izquierda y está en una plataforma o escalera. No te interesa que puedan controlar el *sprite* mientras están flotando.

Se mueve a la derecha.

Usa «Más bloques» para crear este bloque. Luego lo definiremos.

¡Sube la escalera!

¡Baja la escalera!

Gravedad. Si el *sprite* está flotando, se cae dos peldaños.

Esto finaliza el juego si la energía del jugador está a cero o menos. El gato se caerá de espaldas. ¡Añade tu propia animación!

¡UN BUEN CONSEJO!
Recuerda observar los colores de los bloques para encontrarlos en la paleta.

AÑADIR LA SECUENCIA DE FINALIZACIÓN DEL JUEGO

Añade estos bloques para finalizar el *script*. Con ellos se felicita al jugador por terminar el juego y les informa del tiempo empleado. Guardaremos su tiempo con una variable llamada «tiempo final». ¡Si no, se incluirían los 4 segundos de la felicitación!

```
fijar  tiempo final ▼  a  cronómetro
decir  ¡Lo has conseguido!  por  2  segundos
decir  Has tardado  por  2  segundos
decir  tiempo final  por  2  segundos
detener  todo ▼
```

AÑADIR LOS CONTROLES DE SALTO

En nuestro bucle principal, hemos creado un nuevo comando llamado «saltar» usando más bloques, pero aún no lo hemos definido. Vamos a hacerlo ahora.

El control de salto es un poco complicado porque queremos que el jugador pueda saltar a la izquierda, a la derecha o muy alto cuando pulsan la barra espaciadora. Eso significa que tendremos que cambiar la posición X del *sprite* y también la posición Y cuando salte. Al principio del salto, comprobaremos si las teclas flecha izquierda o flecha derecha están pulsadas. Usaremos la variables dirección del salto para recordar cuánto deberíamos cambiar la posición X cada vez que cambia la posición Y.

Al caer después de un salto, tenemos que asegurarnos de que el *sprite* no siga cayendo si aterriza en una plataforma.

```
definir  saltar
fijar  dirección del salto ▼  a  0
si  ¿tecla  flecha derecha ▼  presionada?  entonces
    fijar  dirección del salto ▼  a  2
si  ¿tecla  flecha izquierda ▼  presionada?  entonces
    fijar  dirección del salto ▼  a  -2
repetir  15
    cambiar y por  2
    cambiar x por  dirección del salto
repetir  15
    comprobar suelo
    si  estoy flotando  =  sí  entonces
    cambiar y por  -2
    cambiar x por  dirección del salto
```

COMPLETAR LA PLATAFORMA MÓVIL

Ya tienes preparado un código para la plataforma móvil (ver el capítulo anterior). Lo único que necesitas ahora es añadir la posición de inicio y ajustar el tamaño si es necesario. Inserta los bloques para ajustar el tamaño y la posición antes del bloque por siempre . Recuerda que la posición de inicio y el tamaño dependerán del diseño de tu juego.

```
al  /  presionar
fijar tamaño a  40  %
ir a x:  0  y:  -120
por siempre
    repetir  50
        cambiar x por  2
```

PROBAR EL JUEGO

Haz clic en la bandera verde. Ahora funcionarán los controles, así que deberías poder moverte por las plataformas (incluyendo las móviles) usando los controles del teclado (las flechas de dirección y el espacio).

Antes de incluir a los enemigos, tienes tiempo de perfeccionar la disposición del nivel. Puedes arrastrar el *sprite* al escenario para llegar a cualquier plataforma. Prueba todos los saltos para asegurarte de que es posible alcanzarlas. Lo ideal es que no sea tan fácil hacerlo todo a la primera, pero tampoco tiene que ser tan difícil como para que los jugadores se frustren. Es buena idea preparar los saltos fáciles al principio y luego ir complicándolos de manera gradual para que el reto vaya aumentando. Piensa también en dónde caerán los jugadores si fallan. Sería muy frustrante caer al fondo de la pantalla en el último salto.

¡UN BUEN CONSEJO!
Puedes editar el disfraz de tu *sprite* de nivel para alargar o acortar las plataformas y ajustar así la dificultad.

ARRASTRA EL SPRITE HASTA LA META PARA COMPROBAR QUE EL JUEGO RECONOCE QUE HAS COMPLETADO EL RETO Y QUE MUESTRA EL CRONÓMETRO CORRECTAMENTE.

¡UN BUEN CONSEJO!
Para esconder las variables del escenario, quita la marca de la caja que hay a su lado en la paleta de bloques.

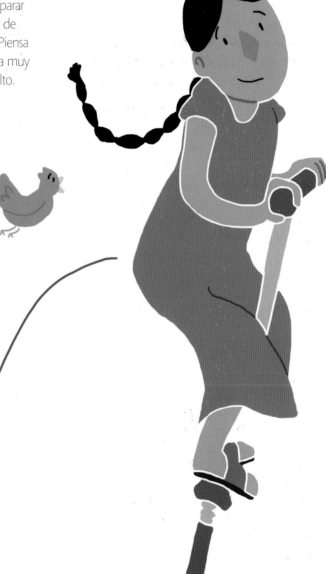

AÑADIR ENEMIGOS

Ahora puedes añadir algunos enemigos peligrosos para que el jugador tenga que esquivarlos. Para hacerlo, usaremos una nueva técnica llamada «clonar». Esto permite que un *sprite* haga una copia de sí mismo mientras el juego está en marcha. El resultado es que puedes programar un solo enemigo, pero durante el juego se puede clonar para convertirse en varios.

Todos nuestros enemigos tendrán distintas posiciones de inicio, cada uno en su propia plataforma. Usaremos dos listas para guardar las posiciones X e Y. Por ejemplo, si tu primer *sprite* empieza en x:0 y:100, el primer objeto en la lista de inicio de X será 0, mientras que el primero de la lista de Y será 100. Este código prepara los seis *sprites* en el juego de ejemplo. Hay que adjuntarlo al *sprite* enemigo, que en este caso es «Mariquita2». Tienes que crear las listas y las variables antes de poder usarlas.

Recuerda que puedes tener más o menos enemigos que en el ejemplo y seguramente necesiten estar en otras ubicaciones. Probablemente tengas que usar el ensayo y error para probar cuáles son las mejores posiciones de inicio.

No verás a los *sprites* aparecer ni moverse hasta que añadas el siguiente *script*.

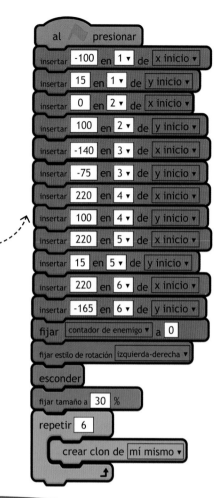

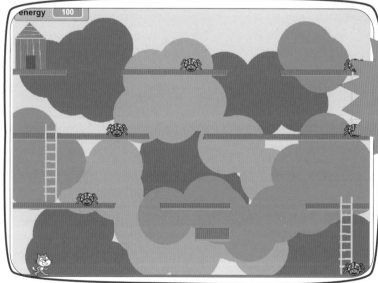

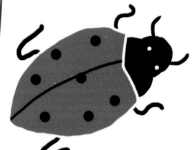

ASEGÚRATE DE QUE LOS ENEMIGOS SON LO BASTANTE PEQUEÑOS PARA PODER SALTAR POR ENCIMA DE ELLOS.

HACER QUE LOS ENEMIGOS SE MUEVAN

Al crear un clon, hacemos funcionar otro *script*. Este lleva una cuenta de qué número de enemigo es usando la variable contador de enemigo y usa las listas para ir a la posición correcta. En este bucle, se mueve si está tocando el color rojo. Si no, cambia de dirección y da marcha atrás sobre la plataforma. Cuando toca el *sprite* del jugador, reduce en uno su variable de energía.

LOS TOQUES FINALES

Ya has terminado tu juego, pero siempre puedes mejorarlo. Si es demasiado fácil, haz que los enemigos quiten más energía cuando toquen al personaje. Si es demasiado difícil, intenta reubicar de nuevo a los enemigos. Prueba diferentes disposiciones y añade también algunos efectos de sonido.

Para ver ejemplos de código que te enseñen cómo hacer múltiples niveles, visita la web del autor:
www.sean.co.uk/books/super-Tutorials-coding/

CONSTRUYENDO TU PÁGINA WEB

Ahora que eres diseñador de videojuegos, es hora de crear una página web en la que compartir tu trabajo con tus amigos, familia y el resto del mundo. En este capítulo aprenderás cómo empezar tu primera web usando HTML, el lenguaje de la web.

TE PRESENTAMOS EL HTML

Todas las páginas web que has visto están hechas usando el mismo lenguaje, y ahora estás a punto de emprender los primeros pasos para aprenderlo. Se llama HTML, que son las siglas de Hypertext Markup Language, y se usa para decirle al ordenador cómo está organizada la información de la web. Le dice dónde encontrar las imágenes, qué partes del texto son cabeceras y adónde llevan los enlaces.

HTML está basado en pequeños códigos de texto llamados etiquetas. También usa corchetes, que seguramente conocerás mejor como los signos de «mayor que» y «menor que». Aquí tienes un ejemplo de HTML:

```
<h1>¡Esta es mi primera página web!</h1>
<p>¡Va a ser la leche!</p>
```

Pruébalo. Abre cualquier programa que pueda crear archivos de texto, como el bloc de notas de un PC o el TextEdit de un Mac. Escribe estas líneas de código y guarda el archivo como «index.html». Busca el archivo en el ordenador y haz doble clic para abrirlo en un navegador como Google Chrome, Internet Explorer o Safari. Podrás ver tu web, con la primera línea en letras grandes en negrita y la segunda en una fuente normal.

ASEGÚRATE DE GUARDAR EL ARCHIVO COMO TEXTO PLANO. LOS PROGRAMAS COMO WORD SUELEN INCLUIR MONTONES DE CÓDIGOS OCULTOS QUE EXPLICAN CÓMO DEBE SER EL DOCUMENTO, PERO QUE NO FUNCIONAN EN UN NAVEGADOR.

¡UN BUEN CONSEJO!

Puedes experimentar también con otras cabeceras: van de <h1>, que es la más importante, hasta <h6> para la de menor relevancia. ¡Aunque lo mejor es no bajar de <h3>!

RESOLVER PROBLEMAS

Si no puedes ver el código HTML al abrirlo en un navegador, puede que el problema sea que no has guardado el texto como texto plano. A veces esto ocurre si usas el TextEdit de un ordenador Mac. Haz clic en el menú de Formato y luego en «Escribir texto sin formato». Asegúrate de guardar el archivo con la extensión .html al final del nombre. Cuando el ordenador te pregunte, acepta para confirmar que quieres usar «.html». ¡Con eso debería bastar!

CÓMO FUNCIONA EL HTML

El navegador usa las etiquetas del código para comprender cómo está estructurado el texto. La etiqueta ‹h1› inicia una cabecera (o título), mientras que la etiqueta ‹/h1› marca su final. Cuando el navegador averigua dónde está la cabecera, muestra esa parte en grande. La etiqueta ‹p› marca el inicio de un párrafo, mientras que la etiqueta ‹/p› marca su final. Intenta añadir más párrafos a tu página.

Hay muchas etiquetas HTML que funcionan así, con etiquetas de inicio y cierre acotando el texto, como si fueran signos de exclamación. Por ejemplo, puedes usar ‹em› para enfatizar el contenido (normalmente con cursiva).

‹p›I ‹em›really‹/em› love Minecraft!‹/p›

O ‹strong› para marcar un contenido particularmente importante, como el que se muestra en negrita.

‹p›‹strong›¡Por favor, dime si encuentras algún enlace roto!‹/strong›‹/p›

Las etiquetas HTML le dicen al navegador qué partes del texto son cabeceras, segmentos importantes o enfatizados, pero no le dicen cómo deberían ser. Puedes hacer que el texto aparezca en color rojo al usar la etiqueta ‹strong› o que el texto enfatizado aparezca con una fuente distinta en vez de ponerla en cursiva.

AÑADIR LISTAS

Puedes usar el HTML para añadir una lista a tu página web, con marcas o números para cada ítem. Esto hace que la página sea fácil de leer y puede ayudarte mucho a organizar información como los enlaces.

CÓMO CREAR UNA LISTA

Para crear una lista en HTML tenéis que añadir las etiquetas correspondientes al principio y al final, y también acotando cada elemento. Así es como se hace una lista con viñetas:

```
<p>Estas con algunas de mis webs favoritas:
<ul>
<li>Scratch</li>
<li>NASA Kids' Club</li>
<li>Minecraft Wiki</li>
</ul>
```

Como ves, podemos incluir etiquetas dentro de otras etiquetas. Los elementos de la lista están dentro de las etiquetas ‹ul› y ‹/ul›, que marcan el principio y el final de la lista.

Añade este código a tu web y haz clic en el botón de actualizar la página para que cargue el nuevo contenido y verás la lista con viñetas. Si lo que quieres es una lista numerada, solo hay que usar las etiquetas ‹ol› y ‹/ol› en vez de ‹ul› y ‹/ul›.

> Estas son algunas de mis webs favoritas:
>
> • Scratch
> • NASA Kids' Club
> • Minecraft Wiki

¡UN BUEN CONSEJO!
«ol» son las siglas en inglés de lista ordenada, y «ul», de lista desordenada.

Si por ejemplo quieres crear una lista de los cinco pájaros más pesados, puedes hacerlo así:

```
<p>Estas son las cinco aves más pesadas del mundo:
<ol>
<li>Avestruz común</li>
<li>Avestruz somalí</li>
<li>Casuario común</li>
<li>Casuario unicarunculado</li>
<li>Emú</li>
</ol>
```

Cuando abras la página web, verás que la lista ya está numerada de forma automática, de arriba abajo. ¿Qué ocurre con los números si añades algo más? ¡Pruébalo!

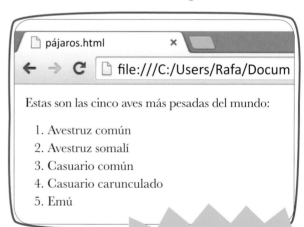

```
pájaros.html          ×
← → C   file:///C:/Users/Rafa/Docum
```

Estas son las cinco aves más pesadas del mundo:

1. Avestruz común
2. Avestruz somalí
3. Casuario común
4. Casuario carunculado
5. Emú

¡CUIDADO! RECUERDA MANTENER LA SEGURIDAD EN INTERNET. NO COMPARTAS INFORMACIÓN PERSONAL EN TU WEB, COMO EL NOMBRE COMPLETO, DIRECCIÓN O TU ESCUELA.

AÑADIR ENLACES

¿No sería genial si pudiéramos convertir esos nombres de webs en enlaces a esas mismas páginas? Aquí te enseñamos cómo hacerlo usando lo que se conoce como la etiqueta «ancla»:

‹a href="http://scratch.mit.edu"›Scratch‹/a›

Esta etiqueta es un poco más complicada porque incluye algo más de información dentro de los corchetes. La primera parte le dice al navegador que esto es el inicio de un enlace, y la segunda es la dirección de la página a la que tiene que dirigir, que es lo que va entre comillas:

‹a href="http://scratch.mit.edu"›

Recordarás que «http://scratch.mit.edu» es lo que escribes en tu navegador para visitar la página Scratch. La parte ‹/a› le dice al navegador que este es el final del enlace, indicando que tiene que convertir la palabra Scratch entre ambas etiquetas de ancla en el vínculo a la página. ¡Pruébalo!

Si haces otra página web por tu cuenta (por ejemplo, una web con el nombre aficiones.html) y quieres añadir un enlace, solo tienes que poner su nombre, así:

‹a href="aficiones.html"›Descubre mis aficiones‹/a›

Asegúrate de que el archivo está en la misma carpeta de tu ordenador que la página en la que incluyes el enlace.

UN PASO MÁS ALLÁ

PUEDES VER EL CÓDIGO HTML DE CUALQUIER PÁGINA EN INTERNET. EN MUCHOS NAVEGADORES, SOLO HACE FALTA HACER CLIC CON EL BOTÓN DERECHO EN LA WEB Y LUEGO ELEGIR VER CÓDIGO FUENTE. ¡SÉ UN POCO COTILLA Y DESCUBRE QUÉ PUEDES APRENDER!

¡UN BUEN CONSEJO!

Puedes enlazar a cualquier página de internet. Solo tienes que copiar la dirección que hay en la barra superior del navegador. ¿Por qué no preparas los otros dos enlaces de la lista de webs favoritas o añades algunas propias?

AÑADIR IMÁGENES

La página será un poco sosa si no contiene imágenes. ¡Por suerte, no es muy difícil añadirlas usando HTML!

Si tienes una imagen a mano, colócala en la misma carpeta que el archivo HTML y luego crea un enlace usando la etiqueta ‹**img**› así:

‹img src="my_cat.jpg" width="500" height="350" alt="¡Una foto de mi gato!"›

En la etiqueta ‹img› hay un montón de información adicional (o «atributos»). La marca src (mi_gato.jpg, en este caso) es el nombre del archivo que quieres añadir en tu página. El ancho y el alto se miden en píxeles. No hace falta incluir esa información, pero la web mostrará más rápido la imagen si lo haces, aunque es posible que aún no notes la diferencia.

El atributo «alt» proporciona una descripción de la imagen que el programa puede usar para comprender qué es lo que muestra. Esto es importante: las personas invidentes no pueden ver las imágenes de la web pero pueden usar un programa que lee en alto el texto y las descripciones de las imágenes. Si incluyes una buena descripción, nadie se perderá el contenido.

La etiqueta ‹**img**› no necesita una complementaria de cierre.

SI QUIERES USAR LA FOTO DE ALGUIEN EN TU WEB, PIDE PERMISO PRIMERO.

AÑADIR TU JUEGO DE SCRATCH

Puedes incluir tus juegos de Scratch en la página. Ve a tu proyecto en la web de Scratch y haz clic en el botón de «Compartir» arriba a la derecha. En la página del proyecto, haz clic en «Insertar» para conseguir un código que puedes copiar y pegar en tu página web. Si no encuentras la página del proyecto, haz clic en tu nombre en la parte superior de la pantalla, haz clic en «Mis proyectos» y luego selecciona el tuyo. Puedes incluir varios proyectos de Scratch en una página web.

COMPLETAR LA PLANTILLA

Ya has aprendido cómo crear el contenido de tu web, pero hay otras etiquetas que también tienes que incluir para que funcione correctamente cuando la publiques en línea. Aquí tienes una plantilla para una página web completa que puedes utilizar:

```
<!DOCTYPE html>
<html>
<head>
<title>¡Mi página web!</title>
</head>
<body>
¡Coloca aquí el código HTML de tu texto y las imágenes!
</body>
</html>
```

La parte ‹**head**› del documento se usa para marcar la información de la web que no aparece en la propia página. La etiqueta ‹**title**› marca el título que se usará en los motores de búsqueda y en la pestaña de tu navegador. La parte ‹**body**› es donde incluyes el texto y las imágenes.

¡UN BUEN CONSEJO!
No necesitas incluir imágenes muy grandes para una página web, así que cambia primero su tamaño. Una foto de unos 500 píxeles de ancho suele ser lo bastante grande. Usa un editor de imágenes para cambiar el tamaño o comprueba sus dimensiones.

¡UN BUEN CONSEJO!
También puedes insertar muchos vídeos de YouTube en tu web. Haz clic en «Compartir» y luego en «Insertar» para conseguir el código correspondiente.

EN EL SIGUIENTE CAPÍTULO, APRENDERÁS CÓMO CAMBIAR LA APARIENCIA DE TU WEB Y LOS SIGUIENTES PASOS PARA PUBLICARLA EN LÍNEA.

DISEÑANDO TU PÁGINA WEB

Descubre cómo añadir colores, diferentes estilos de texto y bordes a tu página usando CSS, el lenguaje para diseñar webs.

DAR ALGO DE ESTILO

Para cambiar la apariencia de tu página web tienes que usar un lenguaje llamado CSS, que es la abreviatura de Cascading Style Sheets. El código CSS va en un archivo separado llamado hoja de estilo, por lo que necesitas incluir una línea en el código HTML para decirle al navegador que lo lea también. En el archivo HTML, añade una orden ‹link› entre las etiquetas ‹head› de la siguiente forma:

```
‹head›
‹title›¡La página web de Sean!‹/title›
‹link rel="stylesheet› href="style.css" type="text/css"›
‹/head›
```

Ahora, crea un nuevo archivo de texto llamado style.css y guárdalo en la misma carpeta que el archivo HTML.

> CSS TAMBIÉN SE ESCRIBE EN INGLÉS AMERICANO, ASEGÚRATE DE ESCRIBIR BIEN LAS PALABRAS.

UN PASO MÁS ALLÁ

¿SE TE OCURRE CÓMO PROGRAMAR EL NEGRO? PISTA: ¡NO HAY COLOR! ¿QUÉ OTROS COLORES PUEDES MEZCLAR? ¡EXPERIMENTA!

CAMBIAR LOS COLORES

Las instrucciones CSS se añaden en el nuevo archivo style.css. Hay tres partes a la hora de escribir el código CSS: tienes que decir qué parte de la web quieres cambiar, qué aspecto es el que quieres cambiar (la fuente, el color…) y cómo quieres cambiarlo. El CSS usa corchetes con forma de arco. Añade este código al archivo y actualiza la página web:

```
h1
{
color: black;
background-color: yellow;
}
```

Guarda el archivo CSS y actualiza la web en tu navegador. Verás que la cabecera ‹h1› ahora es de color negro y con un fondo amarillo.

¿Prefieres una web con tonos más oscuros? Puedes cambiar el fondo de toda la página a negro y el color del texto por defecto a blanco cambiando la etiqueta del texto:

```
body
{
color: white;
background-color: black;
}
```

¡UN BUEN CONSEJO!

Piensa en las formas de las letras de HTML y CSS (rectas o curvadas) para recordar qué lenguaje es el que usa los corchetes puntiagudos y cuál los corchetes curvos.

ELEGIR MÁS COLORES

Puedes experimentar con diferentes nombres de colores, pero el navegador podría no reconocerlos todos. Conoce el rojo, verde, azul, negro y blanco y también algunos de los colores menos comunes (verde oliva, turquesa y fucsia). Pero puedes ser más preciso si en vez de un nombre le das el número del color.

Los colores usan un sistema de numeración llamado «hexadecimal». En nuestro habitual sistema de conteo hay diez símbolos (del 0 al 9), pero el hexadecimal tiene 16. Cuando se terminan los números, usa las letras de A a la F. Así es como se cuenta hasta 30 en hexadecimal:

0, 1, 2, 3, 4, 5, 6, 7, 8, 9, A, B, C, D, E, F, 10, 11, 12, 13, 14, 15, 16, 17, 18, 19, 1A, 1B, 1C, 1D, 1E.

Normalmente, en nuestro sistema de numeración el número 14 es una decena más cuatro unidades. En hexadecimal, 14 son 16 más cuatro unidades (es decir, 20). El número hexadecimal más grande con dos dígitos es FF, que son 15 veces 16 más 15 unidades, haciendo un total de 255.

Para crear un color, tienes que elegir tres números para asignar la cantidad de rojo, verde y azul que quieres usar, algo así como mezclar pinturas. Tienes que colocar los tres números juntos con el signo # delante, así:

Rojo	Verde	Azul	Número del color	Color
FF	00	00	#FF0000	Rojo fuerte
FF	FF	00	#FFFF00	Amarillo
00	80	00	#008000	Verde oscuro
80	00	00	#800000	Granate
FF	FF	FF	#FFFFFF	Blanco

¡UN BUEN CONSEJO!
Si tus intentos por cambiar el color o el estilo de tu web no funcionan, comprueba que has añadido los dos puntos (:) y los puntos y coma (;).

AÑADIR BORDES

Puedes colocar un borde alrededor de una parte de tu página, una característica que queda muy bien con las cabeceras o las imágenes. Puedes cambiar el grosor (o ancho) del borde, su color y el estilo. Aquí tienes una muestra de CSS para que la pruebes:

```
h1
{
border-width: 4px;
border-color: #C0C0C0;
border-style: double;
color: black;
background-color: yellow;
}
```

Hemos mantenido las instrucciones de color del texto y color del fondo para que veas cómo funciona todo junto.

¡Esta es mi primera web!

La usaré para compartir mis cosas favoritas con vosotros.

¡Decidme si hay algún enlace roto!

Estas son algunas de mis webs favoritas:

- Scratch
- NASA Kids' Club
- Minecraft Wiki

Este es el juego de Scratch que he hecho:

El color del borde es plateado y usa el sistema hexadecimal que acabas de aprender. El grosor del borde se mide en píxeles (los puntos más pequeños que puede mostrar una pantalla). Puedes probar números mayores para ver qué tal queda. Hay ocho tipos de bordes entre los que elegir: *solid*, *dotted*, *dashed*, *double*, *groove*, *ridge*, *inset* y *outset*. ¡Pruébalos!

CAMBIAR LAS FUENTES

Quizá quieras cambiar la fuente que se usa para mostrar el texto de tu web, pero no estás seguro de qué fuentes tiene el visitante en su ordenador. En ese caso, los diseñadores web suelen especificar una lista de fuentes que les gustan. El navegador usará la primera que encuentre en la lista.

Los diseñadores también pueden especificar entre un estilo sans-serif o serif. Las letras sans-serif son más suaves

y no tienen puntas al final de las letras.

Las fuentes ideales para probar son Arial, Verdana, Times New Roman y Georgia, disponibles tanto en Windows como en Mac. Hay muchas otras fuentes que están presentes en ambos tipos de ordenador. Para Windows, hay otras como Calibri, Courier New, Impact, Tahoma, Segoe UI o Garamond. Mac tiene Geneva, Helvetica, Lucida Grande, Monaco, Courier y Baskerville, entre otras.

Así es como se cambia la fuente de los párrafos, usando las etiquetas <p>:

Serif text

abcdefghijklmnopqrstuvwxyz

Sans-serif text

abcdefghijklmnopqrstuvwxyz

```
p
{
font-family: Geneva, Calibri, sans-serif;
font-size: 1.5em;
}
```

El tamaño de la fuente se mide en relación al tamaño original, por lo que 1.5 significa 1,5 veces más grande que el tamaño que el navegador iba a mostrar. Puedes probar números que sean mayores o menores.

CAMBIAR EL ESTILO DEL TEXTO

Aquí tienes algunos trucos más que puedes usar para dar formato al texto. Si quieres usar la cursiva, escribe:

font-style: italic;

Para la negrita, usa:

font-weight: bold;

Y si quieres que tus cabeceras h2 estén en negrita y cursiva, escribe:

h2
{
font-style: italic;
font-weight: bold;
}

¡Aunque queda bastante feo! Si no quieres que tu texto con formato <strong> esté también en negrita y que además sea de color rojo, escribe:

strong
{
font-weight: normal;
color: #FF0000;
}

- -

CAMBIAR EL ESTILO DE LAS LISTAS

Puedes cambiar, incluso, el símbolo que se usa en las viñetas de una lista para que sea un círculo o un cuadrado en vez de un disco (que es su forma por defecto):

ul
{
list-style-type: circle;
}

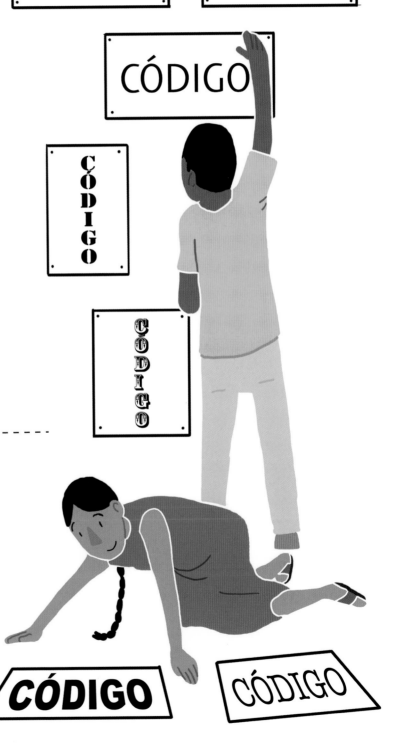

TERMINAR EL ARCHIVO CSS

Aquí tienes el archivo CSS que hemos hecho para la web de ejemplo usando todas las ideas de estilo que te hemos enseñado en las páginas 56 a 59. Comprobarás que el color y la fuente de los enlaces ha cambiado (usando la etiqueta ‹a›) y que hemos colocado un borde alrededor de la etiqueta ‹iframe› que enmarca el juego de Scratch. Si no funcionan los estilos, asegúrate de que estás usando correctamente los corchetes y que pones dos puntos o punto y coma en los lugares pertinentes.

```css
body
{
color: white;
background-color: black;
}
h1
{
border-width: 4px;
border-color: #C0C0C0;
border-style: double;
color: black;
background-color: yellow;
font-family: Verdana, sans-serif;
}
p
{
color: #CCFF66;
font-family: Geneva, Calibri, sans-serif;
font-size:1.5em;
}
a
{
color: #FF6600;
font-family: Tahoma, sans-serif;
}
ul
{
list-style-type: circle;
}
strong
{
font-weight: normal;
color: #FF0000;
}
iframe
{
border-width: 8px;
border-color: #C0C0C0;
border-style: outset;
}
```

¡Esta es mi primera web!

La usaré para compartir mis cosas favoritas con vosotros.

¡Decidme si hay algún enlace roto!

Estas son algunas de mis webs favoritas:

- Scratch
- NASA Kids' Club
- Minecraft Wiki

Este es el juego de Scratch que he hecho:

¡UN BUEN CONSEJO!

Puedes usar el mismo archivo CSS para todas webs. Así, si luego quieres cambiar los colores de todas las páginas, solo tendrás que modificar un archivo.

PUBLICAR TU WEB

De momento, tu página web solo está guardada en el ordenador, así que no puede verla nadie en internet. Puedes darle una copia a tus amigos con un *pendrive* si quieren verla.

Cuando estés listo para publicar la web y que la vea todo el mundo, tendrás que encontrar una compañía que aloje la página. Eso significa que guardarán una copia en sus ordenadores y cuando alguien quiera verla, les enviarán los archivos necesarios a través de la red.

Normalmente copias los archivos en el ordenador de la compañía de alojamiento usando una cosa llamada «protocolo de transferencia de archivos» (File Transfer Protocol), y existen programas especiales de FTP que puedes usar para que sea más fácil. La compañía te entregará un nombre de usuario y una contraseña para acceder a la dirección web que les puedes dar luego a tus amigos para que vean tu página.

Cuando tengas lista la página, pídele a un adulto que te ayude a preparar el alojamiento web. Hay muchas compañías que ofrecen este servicio y puedes encontrar algunas de ellas en la página 62. También te prepararán un nombre de dominio, que es lo que la gente escribirá en los buscadores para encontrar tu web.

Si tus amigos también tienen páginas web, añade un enlace y pídeles que hagan lo mismo con la tuya. De ese modo, tus lectores se podrán mover entre las webs con facilidad.

¡FELICIDADES!
¡YA HAS APRENDIDO TODAS LAS SUPERHABILIDADES PARA PROGRAMAR UN JUEGO Y MOSTRARLO EN TU PROPIA PÁGINA WEB! ¿QUÉ SERÁ LO SIGUIENTE QUE PROGRAMES?

¡CUIDADO!
JAMÁS INCLUYAS INFORMACIÓN PERSONAL COMO TUS APELLIDOS, TU DIRECCIÓN O LA ESCUELA A LA QUE VAS EN TU WEB O EN NINGÚN LUGAR DE INTERNET.

ENLACES DE UTILIDAD

¡Enhorabuena! Ya dominas los diez pasos que te convierten en programador. Aquí tienes algunos recursos que puedes usar para seguir aprendiendo y crear otros grandes proyectos.

WEB DEL AUTOR

www.sean.co.uk/books/super-Tutorials-coding
Descarga el código de ejemplo de este libro y programas de Scratch con 10 bloques que puedes adaptar, artículos sobre el lenguaje y recursos que te ayudarán a crear tu web.

SCRATCH WIKI

wiki.scratch.mit.edu/wiki/Scratch_Wiki
Montones de instrucciones y ejemplos útiles que puedes usar con los bloques de Scratch.

CODE.ORG

code.org/learn
Encuentra ejercicios de programación con un lenguaje similar a Scratch. Incluye algunos con temas sobre películas y series populares.

CODE CLUB PROJECTS

projects.codeclub.org.uk
Code Club ofrece recursos para ayudar a los grupos de informática a aprender a programar. Puedes descargar Scratch y otros proyectos de diseño web para hacer tus pruebas.

SHAUN'S GAME ACADEMY

shaunsgameacademy.co.uk/learn.php
Tutoriales de Scratch de los creadores de *La oveja Shaun*. Incluye *sprites* que puedes usar en tus juegos.

SCRATCHJR

www.scratchjr.org
Descubre la versión simplificada de Scratch para iPad. ¡Tus hermanos pequeños también pueden aprender a programar!

HTML VALIDATOR

validator.w3.org/

CSS VALIDATOR

jigsaw.w3.org/css-validator/
Si tu web no funciona, prueba estas herramientas que comprueban tu código. Las respuestas pueden ser un poco complicadas, pero te ayudarán a señalar errores comunes como la falta de corchetes.

COMPAÑÍAS DE ALOJAMIENTO WEB

www.godaddy.com
www.1and1.com
www.fasthosts.co.uk
Si tu web no funciona, prueba estas herramientas que comprueban tu código. Las respuestas pueden ser un poco complicadas, pero te ayudarán a señalar errores comunes como la falta de corchetes.

GLOSARIO

BLOQUE: Un pedazo del código de Scratch. Puedes unir los bloques como un rompecabezas para crear tus *scripts*.

BUCLE: Un segmento de programa que se repite, ya sea un número determinado de veces o de manera continua.

BUG: Un error en el programa. A veces, los *bugs* impiden que el programa funcione, y otras solo hacen que se comporte de forma extraña.

COORDENADA X: La posición horizontal de la pantalla.

COORDENADA Y: La posición vertical de la pantalla.

CSS: El lenguaje informático que se usa para diseñar páginas web, proporcionando características como el color y los bordes.

ESCENARIO: Cuando haces funcionar tu programa de Scratch, es el lugar donde sucede todo.

ETIQUETA: En HTML, una etiqueta es una parte de código que le dice al navegador la estructura de una parte de la página.

FTP: Protocolo de transferencia de archivos. Es el modo en que las webs se publican en internet.

GRÁFICOS: Las imágenes de una pantalla de ordenador se llaman «gráficos». Normalmente hace referencia a las ilustraciones e imágenes generadas por el propio ordenador y no a fotografías.

HEXADECIMAL: Un sistema de conteo usado a menudo en la programación que usa los números del 0 al 9 y las letras de la A a la F. En HTML, se usa para determinar los colores.

HTML: El lenguaje informático que se usa para crear el contenido de las páginas web, como el texto y las imágenes.

JUEGO DE PLATAFORMAS: Un juego en que el personaje salta por las plataformas para llegar a la meta, normalmente esquivando a algunos enemigos por el camino.

LÁPIZ: Una herramienta de Scratch que permite a un *sprite* dibujar una línea mientras se mueve por el escenario.

LISTA: En Scratch es una forma de almacenar montones de números o de palabras de un programa. En HTML es una forma de crear una lista numerada o con viñetas.

PÁGINA WEB: Una página con información descargada de internet que incluye texto e imágenes.

PALETA DE BLOQUES: En Scrath, la zona del medio de la pantalla que muestra todas las instrucciones que puedes usar.

PORTAL WEB: Una colección de páginas web accesibles desde el mismo lugar.

A menudo son propiedad de la misma persona.

PROGRAMA: Una serie de instrucciones para un ordenador o dispositivo. Un programa puede ser un juego o un procesador de texto, por ejemplo.

PROGRAMACIÓN: Escribir un programa para un ordenador.

PROGRAMAR: Escribir el código informático de un programa o de páginas web.

PROTOTIPO: Una versión temprana de un programa para comprobar cómo funciona algo. Por ejemplo, cómo funciona la gravedad en un juego o cómo se mueven los enemigos.

SCRATCH: Un lenguaje de programación gratuito y accesible que permite crear juegos y animaciones de forma sencilla.

SCRIPT: Un grupo de comandos en Scratch que están unidos.

SITIO WEB: Una colección de páginas web que están en el mismo sitio en internet. Suelen ser de la misma persona.

SPRITE: Una imagen de Scratch a la que le puedes dar instrucciones. Los *sprites* suelen ser personajes u obstáculos en un juego.

VARIABLE: Una forma de almacenar una palabra o un número.

ÍNDICE TERMINOLÓGICO

apps 4, 7
arrastrar 12

bloc de notas 50
bloque si…entonces
bloque si…entonces…si no 30
bloques 9, 12, 13, 14
    color 14, 45
    conectar 13
    crear tus propios bloques 24, 25
    duplicar 22, 37
    mover 12, 13, 22
bloques de búsqueda 13, 28
bloques de envío 42
bloques de eventos 29
bloques de lápiz 20-21
bloques de movimiento 13, 14, 17
bloques de operador 19, 27
bloques de por siempre 13, 14, 27, 40, 46
bloques sensores 18, 19, 28, 31, 44
bocadillos 30
bucles 22-23
    editar 23
bucles dentro de bucles 23
bugs 5, 41
buscadores web 10, 11, 51

C++ 7, 8
cambiar tamaño 55
clonar 48
colores
    bloques 14, 45
    cambiar 28
    página web 56-57
    secuencia para completar 46
comparar números 27
conexiones a Internet 4, 9
contraseñas 10, 61
controles 45
coordenadas 16-17, 21
corchetes 8, 9, 26, 30, 50, 56
crear formas 15, 22, 23
cronómetro 44
CSS (Cascading Style Sheets) 9, 56, 60

dibujar 6, 20-21
    colores, elegir 20
    herramientas de dibujo 15
    tu propia imagen 21
disfraces 15, 39
    cambiar 15, 18-19, 47

editor de imágenes 15, 18, 19
eliminación de *bugs* 14, 34, 41

errores 5, 8, 9
escenario 11, 20
etiqueta de ancla 53
etiquetas 50, 51, 52, 55

fondos 11
    biblioteca 16, 43
    cambiar 14
    diseñar un nuevo fondo 41
    xy-grid 16, 19, 20
fuentes 58, 59

Google Chrome 11, 50
gravedad 40-41
guardar tu trabajo 10, 50, 56

herramientas de borrar 15
herramientas de dibujo 15
«¡Hola mundo!» 8
HTML 7, 9, 50-51, 52, 54, 56

imágenes y fotografías 38, 54
instrucciones, repetición 22-23
Internet Explorer 50
iPads 11

Java 7, 8
Javascript 7, 8
juegos 5, 6, 7, 11
    ajustar nivel de dificultad 29, 47, 49
    comprobar 9, 29, 31, 47
    crear 44-49
    ideas para 5, 38
    juegos de plataformas 38, 42-49
    planificar 38-43
    prototipo 38, 39, 40-43
    ver también proyectos
juegos de plataformas 38, 40-49
juegos de preguntas 31, 37

lenguajes de programación 4, 7, 8, 9
Linux 4

listas
    en variables 36-37
    páginas web 52, 59

Mac 4, 50
mapas de bits 15, 18

nombre de usuario 10, 61
nombre del dominio 61
números al azar 19

páginas web
    alojamiento 61, 62
    añadir juegos de Scratch 55
    bordes 58
    colores 56-57
    crear 9, 50-55
    enlaces 53, 61
    estilo de texto 59
    estilos 56-61
    fuentes 58, 59
    imágenes 54, 55
    insertar vídeos de YouTube 55
    listas 52, 59
    plantilla 55
    publicar 61
paleta de bloques 11, 12, 13, 24, 43, 36, 44
píxeles 54, 55, 58
posiciones al azar 19, 23, 26, 33
preguntas 31, 37
probar programas 31
programa 5, 6, 8
programación
    experimentar con 5
    qué es 4, 6
protocolo de transferencia de archivos (FTP) 61
prototipos 38, 39, 40-43
proyectos
    juego de la guía 26, 28, 29
    juego de pinchar globos 33

juego de preguntas 31, 37
la siesta del gato 38-39
maratón del gato 12-13
ponerle la cola al burro 18-19
puntuación 33
Python 7, 8

Raspberry Pi 4

Safari 50
Scratch 4, 5, 7, 8, 9
    encontrar programas 10
    probar 10
    unir 10
scripts 9, 11
    cambiar 22, 23
    crear un *script* 12-13, 30-31
    reutilizar partes de un *script* 24
    toma de decisiones 26-27
seguridad en línea 10, 52, 61
sonidos 15, 19
sprites 11
    añadir sonidos 15
    cambiar tamaño 29
    clonar 48
    duplicar 34, 35
    lista de *sprites* 11
    mensajes entre 42
    mover 17, 20, 21
    tocar otro *sprite* 27

tabletas 6
teléfonos móviles 6, 7
toma de decisiones 26-27
    bloque si…entonces 26-27
    bloque si…entonces…si no 30

variables 32, 37
    asignar valores 32
    crear 32, 27
    listas 36-37
    nombrar 32
    para un *sprite* 34
variables de energía 34, 35, 44, 49
vectores 15

Windows 4, 50

xy-grid 16, 19, 20

zona de *scripts* 11, 12, 24